历史与传奇

张佳玮 著

南方出版传媒
花城出版社
中国·广州

图书在版编目(CIP)数据

历史与传奇 / 张佳玮著. -- 广州：花城出版社，2019.9

ISBN 978-7-5360-8979-2

Ⅰ.①历… Ⅱ.①张… Ⅲ.①中国历史-古代史-通俗读物 Ⅳ.①K220.9

中国版本图书馆CIP数据核字（2019）第164266号

出 版 人：肖延兵
责任编辑：陈宾杰 钟毓斐
特邀编辑：唐琳娜
技术编辑：薛伟民 林佳莹
封面设计：尚燕平

书　名	历史与传奇 LISHI YU CHUANQI
出　版	花城出版社 （广州市环市东路水荫路 11 号）
发　行	新经典发行有限公司
经　销	全国新华书店
印　刷	山东鸿君杰文化发展有限公司
开　本	920 毫米 × 1270 毫米　32 开
印　张	9
字　数	130,000 字
版　次	2019 年 9 月第 1 版　2019 年 9 月第 1 次印刷
定　价	49.50 元

目录 CONTENTS

辑二　为臣殊不易

辑三　生前身后名

辑四　时用则知物

序

我记得幼儿园时的某个春天，我被母亲带到纺织厂，放在宽广的仓库里，山一般高的布匹中，请仓库阿姨看着我，给我留下一堆厂图书馆里借来、售价三毛八分一本的连环画。每一页一框图，一幅可以意会的图，或喜或怒，下缀浅近的解说文字。这是我最初的阅读经验：连贯的断片图画描绘了历史传奇，缀成一个个令人热血沸腾的故事——如我们所知，大多数历史连环画，每页图多选择了最戏剧性的瞬间，每一幅图本身都堪称传奇。我学会了读字之后，最初与我做伴的是《杨家将》《说唐》以至于《三国演义》《东周列国志》。于是我最初的幻想世界里，满是白马银枪、辕门刁斗、沙场尘烟。每次读金戈铁马读紧张了，就抬头看看：暑假的晴朗天色，很容易消解这种恐慌。就这样，我读过了《水浒》与《三国演义》，以及金庸的武侠小说——那时我当然不明白，《鹿鼎记》末尾韦爵爷如何在满汉问题上难倒了黄黎洲等四名大家，《射雕英雄传》结尾成吉思汗临终时为何要自问是否英雄。我只是喜欢读这些古代故事：塞北江南、青山绿水、衣袂长袖、刀枪剑戟。

我印象中，第一次发现不大对，是某次读到宋史里，提及杨业的儿子杨六郎。我小时候听的杨家将传奇，都说杨令公家七郎八虎，杨六郎杨延昭排老六，他四哥还是京剧《四郎探母》的主角呢，他儿子杨宗保娶了穆桂英，生了杨文广。可是《宋史·杨业传》里却说，杨业的长子就是杨延昭——不是老六！杨延昭的儿子就是杨文广，没有杨宗保这人。那穆桂英哪儿去了？那么，所谓四郎探母，所谓杨五郎杨延德出家为僧创立五郎八卦棍之类，又是哪里来的呢？

类似的事情，后来一再发生。比如，小时候评书里，徐茂公是瓦岗寨的军师，牛鼻子老道。

后来看两《唐书》，说李勣本名徐世勣，字懋功（茂公），十几岁就出来闯世界，正经的唐朝名将，对东突厥和高句丽都很有战绩——好像不是老道？

小时候评书里，李靖是个游方道人。可是两《唐书》里，李靖李药师李卫公，南北纵横，南破萧铣，北击突厥，西征吐谷浑，无往不利——好像也不是道士？

小时候评书里，尤俊达煽动程咬金劫皇纲，是条好汉。正史里找不到这人。翻来翻去，发现隋唐间有个人叫牛秀，字进达。牛进达——所以，是传评书的老先生口传心授时，把牛进达听成了尤俊达？

小时候听评书，我挺不喜欢苏定方：这厮杀害罗成，他儿子苏海还一直跟薛仁贵为敌呢！——看看正史，苏定方征讨东西突厥，战葱岭，征百济，后来还补进了凌烟阁。好像也没那么坏？

好嘛，但他毕竟杀了罗成！我找找……正史里，好像没个叫罗成的。最接近他形象的是罗士信。不对啊，历来隋唐评书里，罗士信都是个二傻子啊!

黄仁宇先生在《中国大历史》里表达过个意思：他以为中国古来士大夫喜以史书说事，引经据典，训诂考证。民间百姓却更愿意相信一些传奇，因此而产生了一些认知的偏差。比如如上所述，史书上明白写着杨延昭是杨业的长子，但绝大多数民间百姓说起来，多半还认为杨六郎是杨老令公的六儿子，被潘仁美坑害了——天晓得，历史上并没有潘仁美，倒是北宋确有名将叫作潘美的。

我猜许多普通历史爱好者读书的经历，与我有类似之处吧？托尔金先生的名著《魔戒》里有所谓：“有些不该被遗忘的事情流逝了。历史变成了传奇。传奇变成了神话。”

传奇二字，奇闻也，流传也。一个历史故事是否能被众口相传，往往取决于其过程是否有戏剧性，是否有足够的矛盾，是否有足够脸谱化的对立面。历来许多历史传奇，最后都简化为昏君奸臣、红颜祸水、英雄奸贼、好人坏人，即我们普通百姓喜闻乐见的形式。因此，许多历史细节因适合当谈资而成为传奇。比如，北宋张先写词几十年，但现代普通百姓所知他最有名的逸事，是八十娶亲时，苏轼送他的那句“一树梨花压海棠”;《史记》里只约略一提的虞姬，是任何楚汉传说中无法忽略的女主角；唐伯虎究竟画了什么画，一般人未必能脱口而出，他跟秋香所谓的三笑留情，倒是天下皆知。故此，许多流传的历史，与其说是史实本身，不如说多少变成了一种“人民喜闻乐见觉得讲起来很有戏剧性”的故事。

我们大多数普通人对历史的了解，往往基于源自历史的传奇故事；而许多传奇，如上所述，掺杂了传递者与讲述者对历史的主观看法，被传颂改编的传奇越多，这种普通人喜闻乐见的看法就越重。我们总会下意识地相信带有传奇色彩的历史，淡忘枯燥乏味的细节。歌颂史书上的英雄，鞭挞史书上的奸贼。当然，也难免有出于逆反情绪者，要为历史所谓的反派人物翻案。

但史实人物，许多是比我们想象中更复杂，也更了得的。

钟惺先生曾写了首《邺中歌》说曹操，结尾是，“书生轻议冢中人，冢中笑尔书生气”。普通历史爱好者如我，开始总会觉得，历史上的人物功过是非一目了然，脸谱套上容易理解；但了解得稍多一些，了解历来事情的成因，便觉得一环扣一环，似乎没那么简单。

如果将一些细节补上，许多传奇多少会少一点儿热血，却变得更深沉，更无奈。

大多数留名历史的人，如果将他们还原为一个人，而非一个喜闻乐见的脸谱形象，也许对他们的观感，能多少有所不同吧？

辑一——君王天下事

刘邦的天才

《三国志·先主传》说刘备知人待士，有高祖之风英雄之器。这就不免让人好奇了：高祖之风是个什么风？汉高祖刘邦自己，又是怎么用人的呢？

按，《史记·高祖本纪》说刘邦："仁而爱人，喜施，意豁如也。常有大度。"

虽然也说他"慢而侮人"，估计嘴上经常不干不净，但刘邦性格仗义宽厚、出手慷慨、大大咧咧，想必是没错的了。

也有人疑惑：刘邦运气真好，怎么起家之际，家乡沛县的贩夫走卒，县吏萧何、管监狱的曹参、赶车的夏侯婴、小贩灌婴、杀狗的樊哙、织帘子的周勃，个个在他手下神武天纵，打得天下英雄屁滚尿流呢？一个小县城云集了这么多天才，这是啥概率呢？

倒未必是刘邦运气好，而在于他确会用人。这不，先前在项羽手下不甚得志的韩信与陈平，到刘邦手下，都成就了不世功名嘛。

刘邦自己得天下后，曾摆酒饮宴，跟群臣总结过：连兵百万纵横天下，他不如韩信；转输军粮坐镇后方，他不如萧何；运筹帷幄决胜千里，他不如张良。总结自己的大优点，就是懂得用人，造就了这汉初三杰。这一点，韩信也是认可的，他曾说刘邦：陛下你不善带兵，带个十万兵就是极限了，我倒是带兵多多益善；但陛下你好在善于带将领，善于用人。

当然也得说一句：刘邦虽然自称哪儿哪儿不如三杰，但他本人的能耐，那其实也是过硬的。

话说刘邦初起兵时，只有萧何、曹参、周勃、樊哙一群人，也算打出了声望；没有得韩信之前，刘邦也是入咸阳、为汉王，是一方诸侯；项羽死后，韩信被兔死狗烹了，刘邦还是带兵出征，干掉了英布与陈豨，平定四方：那是凭自己的本事。

英布后来谋反时也说过，自己所畏惧的，韩信、彭越与刘邦而已。韩信、彭越已死，刘邦老了，不怕了，那就反吧——英布先前是项羽麾下第一猛将，归汉后也是三王之一，非常能打，犹且忌惮刘邦。所以论打仗，刘邦在同时代，怕只是不及项羽、韩信而已，不失为名将。论筹谋，刘邦还是可以平定项羽之外诸藩的。

当然，再能打，终究也不过如项羽韩信，一时成王。刘邦能开汉一朝，终究还在用人御下与权术。韩信从刘邦前，不过一个卫士；萧何从刘邦前，不过一县吏；张良从刘邦前，也没什么运筹帷幄的成绩；夏侯婴不过车夫；灌婴不过小贩。这些人得以出将入相，名垂后世，而且始终对刘邦死心塌地，刘邦自有他的法子。张良就承认过：刘邦的才能是天授，非人力所为。

众所周知，刘邦私下里，颇为傲慢无礼。没事就箕踞，伸着俩长腿。初次见郦生和英布时，都在慢悠悠洗脚，摆足了臭架子。这得多讨厌哪。

但就从洗脚说起。

刘邦对郦生这种老儒，前倨后恭，先是洗脚摆谱；听郦生说话有道理，赶紧起来穿衣穿鞋，给郦生谢罪，这就收了郦生的心。初见英布这匪类出身的枭雄，刘邦先是洗脚，折英布的傲气，再送宫室美人，让英布从低谷中窥见天堂，心情愉悦，这就摄了英布的魂。

对儒生，刘邦待以礼。对匪类，刘邦待以利益。真是对症下药，下得精准。

谈到利益，是刘邦最聪明的一点。太史公总结一句“喜施”，刘邦出手慷慨得很，这可是大优点。先前韩信初见刘邦时，便总结过：项羽待人仁厚，但不肯赏，把个印信摸来摸去，都摸旧了，还是不舍得给。您虽然勇悍仁义都不如项羽，但舍得封赏。

彭城兵败后，刘邦跟张良说话：关东之地我不要了，都拿去封赏人，谁能跟我一起干掉项羽？——于是开始对韩信、英布与彭越三位大将撒封赏。

韩信后来问刘邦讨封做假王，暂摄齐国。刘邦那个臭脾气，当即开骂；被张良和陈平踩了脚，立刻改口：大丈夫当王就要当真王，当什么假王！——于是封了韩信做齐王。

垓下之战前，韩信和彭越狮子大开口，跟刘邦开条件：要当楚王，要当梁王，刘邦虽然肉疼，依然抬手给了；英布的淮南王，那也是眼都不眨——至于之后兔死狗烹，把诸王都给干掉了，那是后话了。

当然，还不止如此。

《史记》里写到樊哙的战绩，有一串列表：

> 从攻胡陵、方与，还守丰，击泗水监丰下，破之。复东定沛，破泗水守薛西。与司马枿战砀东，却敌，斩首十五级，赐爵国大夫。常从，沛公击章邯军濮阳，攻城先登，斩首二十三级，赐爵列大夫。复常从，从攻城阳，先登。下户牖，破李由军，斩首十六级，赐上间爵。从攻围东郡守尉于成武，却敌，斩首十四级，捕虏十一人，赐爵五大夫……

很枯燥，但您不妨想一想：这时刘邦没称帝，没称王，充其量就是个流浪军阀，而樊哙的战绩数据，历历在目，可见是功劳簿记得清楚，用来封赏的。

可以想见，起兵初期，诸事草率，大家打到哪儿算哪儿，可刘邦依然没忘记录诸将功勋，好论功行赏。最后贩夫走卒、车夫屠夫，都积累功劳，成了西汉开国元勋。甚至后来项羽自尽，五人分夺其尸体——此事细想很猥琐——刘邦果真把五人分别封侯，也算是言出必践。

刘邦何以能得诸将死力？皆出于此。

刘邦自己说了是会用人；然而用人说到底，无非是排岗位、给权限、明赏罚罢了。设想你是樊哙，跟了一个老板，企业草创时，他就把作为屠夫的你的每一点成绩都记录下来，予以封赏，你又怎会不去努力磨炼武艺，成为天下猛将，好继续拼搏？

——这就是樊哙们在刘邦手下用尽死力的拼搏缘由了。至于刘邦对韩信们秋后算账，那是后话。至少西汉开国时异姓封王、平民封侯，自古及今，做得到的朝代，也并不算多。

刘邦逝世近半个世纪后，窦太后去跟汉景帝念叨，要他封皇后的大哥王信为侯，太尉周亚夫——他爸爸周勃当年是个织帘子奏哀乐的，跟着刘邦封到绛侯，还平定了吕后亲戚闹的乱子，保卫了汉朝正统；周亚夫自己则是硬生生靠战功起来的爷们儿——就义正词严，搬出了刘邦当年的训诫："非刘姓不得王，非有功不得侯；不如约，天下共击之。"他说此话时，刘邦已故世多年，而汉景帝犹无从违背。可见西汉初，军功确实可以比贵族血统更重要。

《史记·卫将军骠骑列传》有这么段文字："校尉李朔、校尉赵不虞、校尉公孙戎奴，各三从大将军获王。以千三百户封朔为涉轵侯，以千三百户封不虞为随成侯，以千三百户封戎奴为从平侯。"班固在《汉书》中则简略道："校尉李朔、赵不虞、公孙戎奴，各三从大将军。封朔为涉轵侯，不虞为随成侯，戎奴为从平侯。"

论叙述简洁，自然是班固好些；但太史公那一段，大有从诏令中直搬出来的堂皇效果。三个"以千三百户"，表达封侯的荣耀，赫赫扬扬啊。

这里又不免得说到刘邦的首席谋士张良了。

张良与刘邦合得来，众所周知。而《史记》里有一段二人论述功臣的问题，极为精彩。

先是郦生那老儒生脑子锈了，劝刘邦立六国的后代为王，各国复兴后，一定可以帮衬刘邦打项羽。刘邦就听了。

张良赶紧过来劝，说了一段千古名言，大意是：

你现在兵力不够强，就算立了六国之后，他们服你吗？

再者说，你手下那些人背井离乡跟你混，就是求一点儿利益。

你把六国都封了人，拿什么来封你的手下？谁还跟你？

刘邦听了，气得东西也不吃了，大骂郦生，从此再不提裂土封贵族后裔的事了——把王爵留给了韩信、英布、彭越这些猛将。

刘邦出于市井，熟知人的劣根性。大家跟着你，你得让大家觉得有奔头。你对大家好，物质上不吝惜，自己又百折不挠，大家就觉得有盼头了。

大体上，人是得吃饱喝足，才能谈高尚的。

项羽对属下宽仁，但有功不赏，这只满足了属下的精神。刘邦骂骂咧咧，粗枝大叶，但该赏就赏，属下有利益可图，于是奋斗不休。西汉所以能靠一群草根开国，就是靠刘邦这股子不看血统看成绩、实打实开赏的精神啊。

世上有两类领导：一类优雅雍容，给你画天大的大饼，让你觉得自己活着有意义；一类并不画大饼，而是跟你一起，百折不挠地吃大饼。

前者适合大家吃饱了饭，可以谈理想、谈情怀的环境；后者却可能获得一些最真诚热血的追随呢！

项羽神勇，千古无二

李晚芳先生在《读史管见》里说："羽之神勇，千古无二。"太史公以神勇之笔，写神勇之人，亦千古无二。羽者，项羽也。

太史公写《项羽本纪》时，因为情感倾向，不免夸张。设若太史公所写皆为真，则项羽的战绩，着实匪夷所思。

项羽"力能扛鼎"，这是史书原话。江东起兵时，项羽杀会稽郡守殷通，又亲手斩杀百人：这是勇力。

项羽跟随叔叔项梁四处征战，所向无敌。初次遭遇秦将章邯时，就给了他下马威——章邯此前自击破陈胜麾下大将周章后，纵横关东，打得各地诸侯嗷嗷叫，却败给了项羽。后来章邯突袭定陶，斩项梁，那也是趁着项羽不在。

巨鹿之围，章邯军二十万，王离军二十万，项羽军五万。结果项羽以著名的"破釜沉舟"，渡河作战、九战九胜，击破秦军。秦军围城三部王离、涉间、苏角全溃，李良战死。

从此，项羽被尊为诸侯联军统帅——时年二十五岁。

项羽主持分封天下十八王之后，齐国田荣不服，闹将起来。项羽东进，西边刘邦出关，联五国诸侯，号称五十六万人攻楚国，占彭城。项羽遂以三万军南下，自西突袭彭城，一路追杀，汉军被歼十余万，淹死十余万。刘邦当时那个狼狈啊，老婆孩子都丢了。

刘邦当时跟张良商量，关东之地不要了，都分封掉，用来搞定项羽！——可是分封给谁呢？张良便让他善用三杰：韩信、英布、彭越。

然而张良举荐这三杰，并不能独当项羽。此后汉的策略，其实是四面围击：彭越在东线项羽背后骚扰；英布在东南折腾；韩信先渡黄河破魏拿下山西南部，然后背水一战破赵，再破燕代进军河北，然后取齐拿下山东，杀项羽大将龙且，那是北线。刘邦自己带人，在三川南阳一带，死撑项羽的中原攻势。

其间刘邦与彭越，分别被项羽击走多次。彭越脚底抹油，来去无踪；刘邦则用了诸如纪信替死、扔掉老婆孩子、“分我一杯羹”等青史留名的法子，死扛住了项羽。终于熬到东西南北四面合围，尤其是韩信在北方的节节胜利，合围将成，项羽求和。楚河汉界划完了。

楚河汉界一定，刘邦觉得自己兵力有优势，追击过去，想捞个现成便宜，结果固陵之战，项羽一个回马枪，把刘邦卷了。

之后刘邦才咬牙：封王！大肆封王！！韩信、英布、彭越们开的条件，刘邦全部答应。于是垓下大军会合，超过三比一的兵力优势，合围了项羽。

垓下之战，众所周知：

此前战无不胜的韩信亲自率三十万为前军，孔聚与陈贺在左右，刘邦在后，周勃、柴武等再在后。

韩信初战后退；楚军追击，汉军左右翼发动，彭越、英布、刘贾、周殷一起大军合围，楚军败北。

然后就是传说中的四面楚歌、霸王别姬。项羽溃围南走，还演出了一场著名的二十八骑破围。终于到了乌江，“天亡我，非战之罪也”，然后徒步杀人。“独籍所杀汉军数百人。”最后自刎。

项羽在东城以二十八骑溃围前，如此自吹：

> 吾起兵至今八岁矣，身七十余战，所当者破，所击者服，未尝败北，遂霸有天下。然今卒困于此，此天之亡我，非战之罪也。今日固决死，愿为诸君快战，必三胜之，为诸君溃围，斩将，刈旗，令诸君知天亡我，非战之罪也。

起兵八年，七十余战，没输过——他这话其实有点儿吹牛。垓下不是刚输了么？

但先前巨鹿之战，项羽以五万破了起码二十万秦军。彭城之战，三万破五十六万。

他在河北的对手章邯，这辈子纵横天下，打破各路起义军，也只输给了项羽，以及后来的韩信。

他的老对手刘邦，这辈子纵横天下，最后称帝。当时除了韩信、项羽，也就是他最厉害了。毕竟英布自己后来谋反时说过，他忌惮的只有彭越、淮阴侯（韩信）和刘邦而已。

英布自己勇冠三军，彭越更是老兵油子江湖枭雄；这批乱世豪杰加上刘邦，还必须分进合击，靠人多合围项羽取胜。这其中尤其是韩信，用兵如神，自称多多益善。破魏灭赵、徇燕定齐，纵横列国，天下无敌，千古仅见；可是垓下之战初期，以三比一的优势兵力，还是免不了先后撤再合围。当然我们说，项羽的战略眼光和用人，那实在不怎么样。刘邦后来也说了，自己能用三杰而项羽不懂用人，所以自己能得天下。但由此才显得项羽格外可怕。

中华千古，猛将勇士极多。关羽万军斩颜良，杨大眼号称关张之勇，李存孝们都有乱军突阵的战绩，岳飞年少时也长枪刺杀过敌将黑风大王。但如项羽这样，靠天生勇武引领大型会战，靠正面强攻瘫痪一个王朝，多次以少战多，打得刘邦、英布、章邯、彭越这种当世豪杰四处躲的，确实也没有第二个了。

项羽的勇武与韩信的兵略、张良的智计、萧何的筹谋和刘邦的用人，那是互相依存的，都是秦末汉初的奇绝之才。所以我们不妨从这角度想：

项羽的武勇，那是得靠刘邦千古罕见的用人之才，加上汉初三杰各自名垂青史的卓越才能，才能合力拿下的。如果项羽之勇不是千古无二，那就间接让汉朝开国的光辉，都暗淡了呢。

但项羽的问题，也就在于少年悍勇——毕竟他过世时，才三十一岁。

灭秦之后，项羽本可以定都关中，但年轻气盛，“富贵不归故乡，如衣锦夜行”，回彭城去了。相比起来，刘邦定天下后，就定都了关中，以便“东制诸侯”，据险凭守。刘邦的老爸怀念故乡丰，刘邦就给他造了个新丰——但并没跑回老家去定都。

项羽不想被楚怀王义帝掣肘，于是杀了他；刘邦却捡起了义帝，为他发丧，以此获得了联合诸侯讨伐项羽的借口。

项羽感恩图报，用的除了亲戚勋贵，就是曹咎与司马欣这类救过他叔叔项梁的旧恩人。而刘邦用人唯才，封赏果断——大不了以后再把异姓王一一铲除就是。

所以到最后，年少气盛的勇悍，不敌老辣持重的算计。

世事往往如此。

刘备之仁

鲁迅先生在《中国小说史略》里，说《三国演义》，“欲显刘备之长厚而似伪，状诸葛之多智而近妖”，说得很是，却也不难理解其中的苦衷：

毕竟《三国演义》是小说，不是教科书。罗贯中先生是个好小说家，也没法在面向百姓的小说里，描述诸葛亮如何用心平而劝诫明，如何有抚民之干、理戎之才。让诸葛亮没事放个火、禳个星、借个东风、玩个锦囊，不是更有传奇色彩？同理，罗贯中描述刘备之仁，也就让他哭鼻子，丢孩子，打仗靠兄弟，经常装孙子。以至于看《三国演义》多的，都会觉得，刘备的天下，那是哭出来的。

然而并非如此。

《三国志·先主传》里，只有一处描写刘备哭泣：

乃驻马呼琮，琮惧不能起。琮左右及荆州人多归先主。（《典略》曰：备过辞表墓，遂涕泣而去。）比到当阳，众十余万，辎重数千两，日行十余里，别遣关羽乘船数百艘，使会江陵。

原来曹操南下袭荆州，荆州原来的当家刘表已死，他儿子刘琮要投降；寄居刘表麾下的刘备被人建议：夺取荆州，对抗曹操。刘备不肯，去找刘琮谈，刘琮不见他，刘备便哭泣辞别了刘表坟墓，走了；十余万人跟着他走，日行十余里，背后是曹操精骑一日一夜行三百里追杀而来——怎么看，刘备这都是自杀行为。

这就是《三国演义》里所谓的携民渡江。

刘备在刘表麾下数年，刘表对他不算坏，但也不算好。按说刘备不欠刘琮什么。但旁人要刘备强取荆州，刘备说："不忍心。"生死之际，还是没对刘琮下手。去辞别刘表墓，流了眼泪。挺真诚的了。荆州即将归属曹操，于是十余万人愿意背井离乡跟刘备走。古代人安土重迁，为什么肯跟刘备走？因为他仁义。刘备回馈了这份仁义：他跟着大家一起走，日行十余里。即便曹操在背后追杀他。这事上，很明白：善良、敦厚、质朴、仗义。

刘备不太爱读书，却喜结交江湖豪侠。刘备的哥们儿关羽、张飞也都不是传统读书人：都是闯社会的热血男儿。当时如关、张这样追慕刘备的热血汉子，真不少。是所谓：

> 先主不甚乐读书，喜狗马、音乐、美衣服。身长七尺五寸，垂手下膝，顾自见其耳。少语言，善下人，喜怒不形于色。好交结豪侠，年少争附之。

刘备麾下有个彭羕，后来劝马超闹事时，如此说刘备："老革荒悖。"——老革，老兵油子。这个定位，很是准确。刘备骨子里，是个老兵，甚至可算个老雇佣兵，在局部战场，非常能打。遇到诸葛亮之前，刘备没有自己的基业，依然纵横中原。公孙瓒、陶谦、吕布、曹操、刘表各家诸侯，都希望他当自家的雇佣兵。后来刘备与诸葛亮相遇，照《隆中对》操作，天时地利人和，有了自己的基业，那就厉害了：赤壁和汉中两战，曹操都没再能占他便宜。甚至间接令他逝世的夷陵之战，那也是以少打多，开场占便宜，打得吴国陆逊初期采取守势呢。

故此不难明白，刘备一个老兵，性子自有倔强强悍的一面。他也打人，比如《三国演义》里著名的鞭打督邮，正史上是他自己干的；罗贯中在小说里，把这事栽赃给了张飞。但刘备大体是仁义的：讲义气，待人好。年轻时的刘备，简直是个东汉活雷锋：哪里需要，就去哪里行侠仗义。袁绍打公孙瓒，刘备和田楷去帮熟人公孙瓒站队。曹操打徐州时大肆屠城，刘备身边只有千余兵，却也义不容辞来徐州帮忙对抗曹操。

虽然做过对手，但后来曹操与袁绍都喜欢刘备，都接纳过他：不为了刘备是汉室宗亲——那会儿汉室宗亲遍地都是，曹操麾下谋士刘晔都是汉室宗亲——而因为刘备这人，真讲义气，真给劲，而且，确实挺能打。

刘备先后归附过许多人，却也没有回头对谁捅过刀子。在乱世，这就很难得了，许多人就做不到——比如吕布就是反刺惯犯。

刘备先后打过许多仗，但没屠过城。在乱世，这就很难得了，许多人就做不到——比如曹操就是屠城惯犯。

刘备一生颠沛，从河北到山东，从河南到湖北，从湖南到四川，到处跑。但他对老部下，不管是河北的山东的，河南的湖北的，湖南的四川的，都不离不弃。

你死了，他为你报仇（关羽）。

他死了，什么都交托给你（诸葛亮）。

你被迫投降别国了，他也不计较，还体谅你的苦处（黄权）。

你弟弟犯事了，他也不会追究你（糜竺）。

你出身行伍，照样有机会升高位（黄忠、魏延）。

你一开始工作不努力，但只要有宰相之才，他还是能用好你（蒋琬）。

他会直白地表露对虚名之士的不满（许靖），所以手下许多都是靠实在成绩拼上来的人。跟着他，难富贵，很危险，要到处跑，只是大概你能落得个跟领导同甘共苦，而且得个善终，不用担心他在你死后说什么便宜话。

回到携民渡江这件事。

刘备不袭荆州，是放弃了最好的求生之路；带着百姓慢慢走，是自己跌进了大危险；按说他的最好方略，是急行到江陵以求自保，但刘备却说：“夫济大事必以人为本，今人归吾，吾何忍弃去！”

刘备是个倔强有脾气的老兵油子，但他不是个残忍的人。在你死我活的乱世，不残忍，就是仁了。而且刘备的心理素质，着实是好——不是好在听见曹操说“天下英雄，使君与操”时掉了筷子，而是他在生死之际，曹操的铁骑在身后追来，他还是坚持自己的善良原则，带着百姓们一起慢慢走，不离不弃。

东晋史学家习凿齿说刘备：“先主虽颠沛险难而信义愈明，势逼事危而言不失道。”

沧海横流方见英雄本色。当刘备生死之际，还是个君子，那就是真君子，不是伪君子了。

李渊、李世民与玄武门之变

史书说玄武门之变，一般就说到李世民杀兄与弟，李渊大惊，很快把位子传给了李世民。大家往往慨叹：世民的确英明，但也真狠辣。

哪位会问了：李渊的儿子死了，只是少了储君而已，又何必忙着传位呢？

反过来，李世民如此一不做二不休的狠人，会如此浅尝辄止？杀完兄弟，等爸爸传位？

且说武德九年夏天，李世民因为军功卓著，已当过三公之一的司徒、尚书令与中书令——后两个实际上是宰相了——以及可以开府的天策上将。到此已然功高震主，且有自己的派系班子。

太子李建成与齐王李元吉，联手跟李世民斗，已非一日，朝廷内部纷纷站边，已到你死我活的境地。

两年前的武德七年，李渊跟李世民说过一个建议。鉴于在长安这么兄弟斗下去，迟早出事，所以：世民你去洛阳吧，自己建天子旌旗。

李渊这个提议是真心的吗？不知道。但一般天子话说到这份上，"要不要我让你去东边当皇帝啊？"无论当儿子还是当臣子，情况都很尴尬了。

到武德九年，李世民势力已经很大了。建成与元吉那边，也开始有动作，对付李世民那派将军了：尉迟恭一度被陷害下狱，程知节（我们熟知的程咬金）要被外放康州刺史，房玄龄、杜如晦已遭放逐。到武德九年初夏，李元吉已谋划将李世民麾下大将尉迟恭、程知节、段志玄和秦琼，一起拿到自己麾下。

到此地步，你死我活了。

玄武门之变前夜，房玄龄、杜如晦和尉迟恭是偷偷摸摸到秦王府的，于是策划动手了。别怪世民狠：夺储之争一开，就谈不到兄弟，而是你死我活的较量了。

李世民首告，说建成元吉与妃子私通乱伦，李渊答应说，六月初四审问此事。

此时建成、元吉应该不知道，李世民已经策反了玄武门总领常何。

一般史书都说：武德九年六月初四，李世民率领一堆人先入朝，在玄武门伏兵；李渊将裴寂、萧瑀、陈叔达、封德彝、裴矩等召来，准备仲裁；建成、元吉来到玄武门，发现不对，调转马头。李世民赶来呼唤。李元吉要射世民未遂。世民先射建成：因为建成是太子，他才是第一目标啊。

之后尉迟恭射杀元吉。建成的太子府诸将开始进攻玄武门，还意图攻击秦王府。尉迟恭拿了建成和元吉的首级给太子府的人看，太子府的人崩溃了。

这些情节，史书一般不加讳言：李世民杀了兄弟。

那么，李世民怎么处理父亲的？

《旧唐书》很简单："六月庚申，秦王以皇太子建成与齐王元吉同谋害己，率兵诛之。诏立秦王为皇太子，继统万机，大赦天下。"——李世民诛杀建成和元吉，李渊于是立李世民为太子。

《新唐书》详细些。李渊的角度："庚申，秦王世民杀皇太子建成、齐王元吉。大赦。癸亥，立秦王世民为皇太子，听政。"李世民的角度："九年六月，太宗以兵入玄武门，杀太子建成及齐王元吉。高祖大惊，乃以太宗为皇太子。"——没说建成和元吉害世民，却说李渊大惊，才立了李世民为太子。

为什么高祖大惊后，要立刻立太宗为皇太子呢？

《资治通鉴·贞观十七年七月》与《唐会要·卷六十三·史馆杂录》都提过一点：

李世民看了史官直书的玄武门之变，很不满意，给房玄龄说了一堆指导意见，要改史书。

即，我们现在看到的玄武门之变——世民杀兄弟——依然不是完全的真相，是比较温和的说法。

好，我们看《资治通鉴》比较温和的原文，世民是怎么对付父亲李渊的？

> 上方泛舟海池，世民使尉迟敬德入宿卫，敬德擐甲持矛，直至上所。
>
> 上大惊，问曰："今日乱者谁邪？卿来此何为？"
>
> 对曰："秦王以太子、齐王作乱，举兵诛之，恐惊动陛下，

遣臣宿卫。”

上谓裴寂等曰：“不图今日乃见此事，当如之何？”

萧瑀、陈叔达曰：“建成、元吉本不预义谋，又无功于天下，疾秦王功高望重，共为奸谋。今秦王已讨而诛之，秦王功盖宇宙，率土归心，陛下若处以元良，委之国务，无复事矣。”

上曰：“善！此吾之夙心也。”

时宿卫及秦府兵与二宫左右战犹未已，敬德请降手敕，令诸军并受秦王处分，上从之。

天策府司马宇文士及自东上阁门出宣敕，众然后定。

上又使黄门侍郎裴矩至东宫晓谕诸将卒，皆罢散。

上乃召世民，抚之曰：“近日以来，几有投杼之惑。”

世民跪而吮上乳，号恸久之。

还原现场。李世民在外头杀兄弟时，李渊在海池泛舟——明明是要带重臣们仲裁儿子，为什么要在海池泛舟？

世民让尉迟恭去宿卫，尉迟恭披甲带兵器，到李渊面前——战斗在宫外，尉迟恭进宫去宿什么卫？还带兵器去？

所以李渊也问了：“你来干什么？”尉迟恭回答了。

李渊问左右该怎么办，群臣很聪明，“建成元吉本来没啥功劳，秦王已经把他们杀了，陛下只要把国务委托给他，就没事了”——提问：把国务委托给世民和没事（无复事矣），有啥必然的联系吗？

李渊赶紧说，是啊我一直这么想，尉迟恭又请李渊写手敕，李渊“从之”——李渊不肯的话，尉迟恭会怎么办？

这大戏演完了，世民才进来了，李渊安抚他，世民就哭了。

请注意，这还是说得比较温和的。20 世纪敦煌出土的《唐太宗入冥记》虽是虚构作品，却有这么句话：“问大唐天子太宗皇帝在武德九年，为甚杀兄弟于前殿，囚慈父于后宫？”

囚慈父于后宫？唉。

所以咯，真相更可能是：

世民入玄武门埋伏兵马对付哥哥弟弟的同时，已经派人将李渊请到海舟上去了。

杀了哥哥弟弟，世民自己不出面，让尉迟恭披甲持刃去见李渊，把情况说明白了——这时候的尉迟恭，披甲持刃一身血，也许还提着建成元吉的人头，去见李渊。

李渊问群臣怎么办，群臣很聪明啊，赶紧说事情都这样了，把国务委托给世民就没事了——就安全了。

李渊就认了。尉迟恭问他要手敕，那就大局定了，李渊从了。

李世民出来哭，父子又好了。

李世民是一代英主，但做事素来不手软。玄武门之变是你死我活的斗争，他不可能杀了哥哥弟弟，剩下的让父亲自己处置。“囚慈父于后宫”这句话有点儿夸张，但世民的确是得到了该得到的东西后，才会罢手。

玄武门之变三天后，世民为太子，而且得到了所有军政处理权，成为大唐实际掌权人。

九天后，李世民的大功臣屈突通镇守东都洛阳，从此关东也不会有异变了。李世民的手下都得到了封赏，尤其是让李渊大惊的尉迟恭。《旧唐书》里李渊说尉迟恭“卿于国有安社稷之功”。好大的功劳。

十二天后，李渊第一次表达了退位的想法：“朕当加尊号为太上皇。”

一个月后，秦琼、程知节、尉迟恭封将军。又三天后，高士廉、房玄龄、长孙无忌、杜如晦们分别宰相尚书地上任了。

世民的人已经完全控制军政大权。

这时李渊传不传位，还有啥区别么？

玄武门后两个月，世民登基：这只是最后的结果。而一切早在玄武门那天，就已尘埃落定了。

这里可以展开一下，回溯唐朝如何开国，李渊与李世民父子，各自扮演了什么角色。

按唐统一战争，主要发生在公元618—624年。

唐初据山西与长安，然后向西平定关中破薛家父子，回马山西平定刘武周、宋金刚，东向破王世充得河南，顺手破窦建德影响关东、河北大局，破刘黑闼初定关东——到此为止，全是李世民为主。

李孝恭与李靖南破萧铣与辅公祏，杜伏威定李子通和林士弘归降，李建成定刘黑闼于关东。至此中原初定。

说李世民是唐开国最锐利的剑，毫无问题。妙在他的打法，堪称中国历史上的防反追杀王。

李世民打过四大战役：浅水原破薛家父子、柏壁破宋金刚刘武周、虎牢关一战擒二王拿下王世充与窦建德、又打走刘黑闼。四场大战里，有三场是靠静如处子、动如脱兔的对峙反击。

618 年秋天第二次浅水原大战前，李世民与西秦薛家僵持两月，西秦已缺粮。李世民之前不理宗罗睺的挑战，此时先以麾下梁实诱敌，再用庞玉牵制，李世民得到机会包围夹击，再亲自带数十骑突阵。打赢之后，一不做二不休，一口气追杀，直到薛仁杲投降，一举定了西方：耐心坚韧、果断出击、速度机动、个人的勇武、追击的果决，都在里头了。

619 年 11 月，柏壁，李世民开始与宋金刚对峙。继续耗粮。其间在美良川和安邑两次截击尉迟恭：那大概是秦叔宝和尉迟恭这对门神的初次对决。

到 620 年 4 月，宋金刚粮尽退兵。李世民不眠不休追击两天，一日八战，三日不解甲。打到宋金刚崩溃，尉迟恭投降：又是耐心 + 果断 + 斩尽杀绝。对峙小半年，奔袭就三天。

虎牢关之战。620 年夏天，李世民东征王世充。耐心蚕食，到 621 年春天，李世民包围洛阳，围点打援。窦建德自河北来，李世民奔袭虎牢关，再次跟窦建德相持。一个月。之后广武诱敌，窦建德出击，李世民待敌；中午，李世民反击，三千骑冲阵，一战破之，追击三十里，活捉窦建德。回马取洛阳，一战基本定下了河南、河北大局：所依仗者，还是耐心 + 果断 + 斩尽杀绝。

乘胜追击不可怕，可怕的是此前的耐心。

考虑到打这三战时，李世民是二十岁到二十二岁之间，再考虑到李世民自己到年老时都是个容易动感情的性格，则他的自制之强、

《隋唐演义》插图

内心之坚，匪夷所思。

说他对大唐功高盖世，并不为过。

虽说李世民是大唐最锐利的剑，但执剑的手，还是李渊。

刘邦定天下时论功，许多人说曹参身上七十多处伤，攻城略地无算，功劳当排第一。但刘邦坚持坐镇后方的萧何功第一。刘邦吹嘘说：萧何坐镇后方，转输军粮，是所谓功人，负责指明猎物；诸将皆功狗，负责捕获猎物。李渊就是李世民坚实的大后方。

当然，李渊不止是大后方那么简单。

比如，李渊起兵的时机很鸡贼。613年杨玄感起兵反对隋炀帝时，天下已经扰乱，但李渊没乘机跟着闹。当时群雄纷起，如翟让、孟海公、窦建德、李密、徐圆朗、萧铣、薛举、刘武周、梁师都、朱粲们——这些名字在各色隋唐评书里可都是威名赫赫，是所谓“十八路反王”——都起来闹了。李渊是熬到617年才起兵：其间招纳人才、安排亲族、招降流亡势力。打的旗号也不是推翻大隋，而是勤王定乱：“乡亲们！我不是要反对大隋！是天下太乱了，我出来定乱来了！”

出手晚不怕，后发制人得及时。

起兵前，李渊先跟突厥示好，获得突厥的支持；再跟当日瓦岗势力的枭雄李密客客气气，请李密去关东跟另两大势力王世充与宇文化及狗咬狗。李渊明明比李密大十六岁，却在书信里称呼李密是兄长。李密在关东跟对手打得两败俱伤，李渊自己慢慢平定西边，最后李密完蛋了，只好来投李渊，当了臣子，出奔之时死掉了。

想李渊的手段，真是兵不血刃。刚才说到浅水原之战：其实那是第二次浅水原之战了。第一次浅水原之战，世民和刘文静是败给薛举的。败了之后，唐都长安一度危险，李渊是这么救场的：

联合西凉李轨，叫他“从弟”；封赏李轨的弟弟李懋做大将军，册封李轨当凉王，请他们一起去打西秦薛家。

等李世民第二次浅水原之战赢了，局势好转，李渊就翻个脸，让安兴贵劝李轨投降唐朝，之后安兴贵搞了点把戏，把李轨收拾了，送到长安，斩了。距离李渊认这个“从弟”，也就一年。

世民的反杀追击在战场，李渊的反击追杀在朝堂。父子俩都是扮猪吃老虎的狠人。

所以，玄武门之变真正的双方对手，从来不是世民与建成 + 元吉，而是世民与李渊。旁观过李轨和李密（李密投降李渊后不久就出逃死掉了）这几件事后，世民也知道：自己这个爹跟自己一样，看着容易动感情，跟人称兄道弟，但真要狠起来，那也是手段多变、赶尽杀绝。

这时再想李渊建议世民去洛阳、自建天子旗帜这主意，乍看体贴入微，细想毛骨悚然。

所以武德九年玄武门，所以要闹得那么绝，要兄弟死尽、父亲上海舟，简直要逼宫让位，是因为这对父子联手打下大唐时，早已明白彼此的厉害——但凡给对方这个狠人，留一点点翻盘余地，那就后患无穷。要斗，就是不死不休。毕竟，整个天下都被父子俩绝杀过来了嘛！

李世民：推了魏征碑，又给立起来了

魏征逝世后，李世民曾一度发脾气，推倒过自己为这位大贤臣所立的碑。

对于习惯李世民与魏征传奇的诸位，初听这个故事，自然大为吃惊，大概会有种“小时候听的王子公主童话都是假的”之感：“不是史书都歌颂魏征进谏、李世民纳谏吗？怎么还会推碑呢？”

还好，后来，李世民又重立了魏征碑。

这一推一立，比“魏征直言，李世民纳谏”的君臣相得，更为有趣。

话说在玄武门之变前，魏征本是太子建成手下。清朝学者王夫之先生在《读通鉴论》里非议过魏征，认为他先是观望，等太子一死，就去向李世民请见投效，可知是个功名之士。当然李世民不在乎，他在玄武门之变后重用魏征，是因为他的才华，也显然是要向天下昭示：我用人不疑，不念旧恶。

此后，他君臣二人从最初的彼此心怀芥蒂，到一个敢言，一个纳谏，磨合出了不错的君臣关系。虽然私下里李世民还会骂骂咧咧，但君臣对外的姿态，很是好看，真是欢喜冤家。直到魏征死，李世民四十五岁。他对魏征，是从本来忌惮，再成为君臣，虽然许多次冲动起来，也要念叨“杀此田舍翁”，终于还是没动手。年纪大了，他对魏征也有感情了，于是痛哭流涕，一套“以人为镜”之类的言论，之后又是亲写墓碑，又是看画像，又是赋诗：大概李世民真把魏征当镜子了，“魏征魏征告诉我，千古贤君是不是我……”

这是我们知道的历史，或者说，被历朝歌颂的历史：主贤而臣直，君臣商量着共治天下。

话说魏征死在公元643年，是贞观朝多事的一年。那年李世民的太子承乾谋变事发，牵涉到大将侯君集，一并被处理了。此后，李世民连有谋夺太子位意图的儿子李泰也一并踢开，立了后来将成为唐高宗的李治为太子。

人一死，茶就凉。先前魏征死后，就有人提醒李世民：魏征的许多进谏，是有底稿的，他私下里还编纂进谏语录，打算把好名声传之后世呢！

李世民听了难免不爽：敢情，这进谏是秀姿态来了！拿我当配角使唤！

等太子承乾事件出了，又有人提醒李世民了：魏征跟杜正伦、侯君集有染！

——这下不得了了。

进谏语录的事，打击了李世民对魏征的信任：敢情，这老头拿我作秀呢！杜正伦与侯君集之事，那则复杂得多：

杜正伦先前辅佐太子承乾。李世民私下里跟杜正伦说，我儿子似乎不亲近好人。杜正伦去劝谏太子时，把这话说了，太子于是很气父亲：你这么说我？李世民也生杜正伦的气：我跟你吐槽自己儿子，你怎么传小话呢？于是贬黜了杜正伦。

侯君集则是李世民凌烟阁功臣之一，与太子承乾策划兵变，因此被处决。

我们不妨做个不算出格的猜测：

李世民一生至险之事，是玄武门之变。从此兄弟反目，海舟逼宫。这是他内心最深的秘密。故此涉及权力交接时，李世民很容易失去理智。玄武门之变发生前，他一度怀疑近臣如房玄龄等有观望倾向，甚至都动过杀心——当然后来得了天下，房玄龄和杜如晦组成了房谋杜断的王牌组合，大家和气生财，这事揭过去不提了。

大体上，李世民是个豪迈的明君；但会不会涉及夺权问题，李世民就很容易暴躁了？“魏征跟杜正伦与侯君集有染？后两个人伙同我儿子一起谋反我？魏征会不会也在其中？”一旦意识到了这种可能，李世民自然反应激烈——于是，推碑去了。

到这事稍微冷一冷之后，李世民颇有姿态：重新立碑，怀念魏征。《新唐书·魏征传》所谓：

> 辽东之役，高丽、靺鞨犯阵，李勣等力战破之。军还，怅然曰：“魏征若在，吾有此行邪！”即召其家到行在，赐劳妻子，以少牢祠其墓，复立碑，恩礼加焉。

风头过了，恩遇又回来了。

却说公元644年，李世民去打了高句丽。

贞观朝先前几次对外战争，多是李靖为大将。而644年，李靖年过古稀，去不了。李世民必须御驾亲征。前一年太子与魏王争太子位出事，侯君集被处置了。这一年李大亮身体不大对，留驻长安，不久过世。秦琼秦叔宝已于六年前去世。尉迟恭已经去研究道术了。王君廓已被处死。李世民手下一班旧将都老了，能跟着去的，也就是李世勣和李道宗。

李世民自己，四十六岁了。阵容上、年纪上，所带的都不是开国那批名将了。

如是，李世民事隔二十年亲征，诸将或老或死，劳师远征，兵力不太够，前一年还经历了两个儿子闹事、流泪处理了侯君集，以这种糟糕状态，打得也不算顺。大概回来路上，真觉得自己老了，心情平静一点儿了，也想起魏征了？于是，有过能改，重新给魏征立了碑。这不，明君贤臣的形象，又立起来了。

李世民是个极重形象的皇帝，一辈子都想当千古明君。说他许多行为举止毫无作秀成分，那不可能。骨子里，李世民也并不是宽仁慈爱、笑脸盈盈的好好先生，更不是个永远伟大光荣正确的君王。他武将出身，冲动热血——乍一听，有几分像年少时的隋炀帝？

但李世民比隋炀帝好的是，冲动过后，他往往能自责，能把做错的事情挽回来——征辽之役虽然不顺，他却没有像隋炀帝似的，一打再打三打，打得劳民伤财。回朝之后，李世民能亢龙有悔地感叹：“有魏征在，不会去打呀！”

黄仁宇先生在《中国大历史》里说过个看法：唐朝并没有制度来保持权力的“互相制衡”（checks and balances），而是完全靠儒家纪律与君王的个人自觉，来约束如李世民这些帝王们的作为。

换言之，各类意见的取舍，全看李世民自己的品德：他高尚一点儿就知错能改，他暴虐一点儿就有错不改。即，贞观朝的开明，不只在当时的三省六部制，还在于恰好赶上李世民有知错能改的脾气，拥有名垂千古的开明，以及对自我形象的重视啊——千古圣君也会犯错，也有一触即跳的逆鳞；能改回来，就很难得了。

李治与武则天：搭档与赢家

众所周知，武则天得以登基，得从唐太宗朝开说——虽说终太宗一朝，武则天并没占到太大的恩宠。

且说太宗自己玄武门得了天下，给儿子们立了个不算好的榜样，后来自己的太子承乾与魏王李泰夺嫡，搞到两败俱伤。到太子与魏王同归于尽时，太宗自己的大舅子长孙无忌与背后的关陇集团，赞成拥立晋王李治。当日《旧唐书》里，唐太宗与长孙无忌讨论时，以李治为“仁懦”，太宗颇以此为忧，长孙无忌倒挺支持。我私下阴暗地想：大概君臣关系里，宰相素来不怕君王软弱。这不，为了巩固李治的地位，长孙无忌后来还搞斗争扩大化，收拾了吴王李恪呢。

如此，太宗驾崩，李治登基，长孙无忌作为国舅，百官之首，一时风光无二，他背后的关陇集团也得其所哉。李治的王皇后，背景联系到太原王氏与柳家；李治宠爱的萧淑妃偏一点儿，也能跟南朝萧家攀亲戚。于是李治一时被贵族血统包围了。

他近前唯一不那么高贵的血统，来自于武则天：一个并州木材商人之女。

李治跟武则天的绯闻不消多提。且说李治当日要立武则天为后，被长孙无忌多番阻挠。之后李治提拔了李义府、许敬宗等中级官僚。

这老几位背景并不算硬，得蒙圣恩，自然以死报效李治。李治又依样画葫芦，以彼之道还施彼身，用长孙无忌当年搞斗争扩大化处理吴王的方式，收拾了长孙无忌。如此差不多到公元7世纪60年代，李治把舅舅按住，掌握了天子应有的权力。

此后李治身体不好：风眩。李唐王朝历代君王心血管好像都不大好，不知道是遗传还是饮食结构问题。可是李治好容易得来的权，不想放给旁人。于是宰相任免权握在手里——在他过世前一年，还授郭正一同中书门下平章事——而许多日常工作，就让武则天去办了。

至此到公元683年前后，长孙无忌那一脉关陇老臣早没势了，唐朝皇权集中在二圣李治与武则天之手。李治临终，位子传给李显，再托付宰相裴炎等，留给武则天一个诏书，大致是留给了老婆一个顾问权：《新唐书》所谓“遗诏皇太子即皇帝位，军国大务不决者，兼取天后进止”。关键时刻来了。

李显登基，发现自己要被宰相与老娘掣肘，于是大放厥词，甚至口不择言，要让自己岳父韦玄贞老爷子当国——没基础的年轻天子，都爱这么折腾。裴炎大概想贪个拥立之功，武则天也不想放弃权力。于是两位老人家一拍即合，加上将军程务挺等人一起发力。武则天与裴炎当着百官，废了李显，扶李旦登基。武裴组合，平安掌权。

然而裴炎想得简单了：武则天怎会容他分享权力呢？

此后徐敬业叛乱，骆宾王写了传奇的檄文：“一抔之土未干，六尺之孤安在？”可惜从三国时陈琳到唐初骆宾王，檄文好文笔，抵不过对方的兵力。武则天派了魏元忠辅佐李唐宗亲，灭了徐敬业。

裴炎又犯傻，《旧唐书·裴炎传》里，居然冒出了“若太后返政，则此贼不讨而解矣”的昏话，请武则天归政。武则天自然不会放过他，一个裴炎欲反的帽子扣上。于是裴炎辅佐武则天推倒李显一年后，自己也完了。

此后，武则天大搞酷吏政治，用著名拷打能手来俊臣与周兴，把李唐宗室清洗了一遍。洗完了，再利用来俊臣与周兴狗咬狗，对付掉彼此，所谓“请君入瓮”典出于此。自古酷吏大多没好下场，酷吏们也明白，所以案子老也审不完——他们知道兔死狗烹，没有兔子就得制造兔子，不然早晚是请君入瓮嘛。

到公元690年前后，李旦已成武则天的傀儡，朝廷被李治与武则天收拾得了无权臣，所有官员，都是看着过去三十年武则天执政过来的。

此时武则天称帝，顺理成章，轻而易举。连李家的皇子皇女李旦和太平公主都没法不支持武则天为天子：毕竟武则天登基的话，作为子女的自己还能是继承人；不支持她，难道支持李唐宗族外人？

于是武则天登基啦。

所以您看，武则天这个帝位，并非如许多传说里所言，是靠着妩媚与美貌，骗了李治才得手。她在登基之前的三十年时间，先担当李治的副手，帮他处理日常工作，积累起了威信与人脉。赶上李治排除舅舅的势力，朝廷没有阻挠她的权臣，又给了她顾问遗诏，使她有权左右朝政；李治死时，裴炎和武则天搞定了李显，而裴炎再被武则天拿下；武则天再一修理宗族，天下自然大定。

话说当日狄仁杰们这些贤臣，为何会选择跟随武则天？不是他们不忠于李唐王朝（狄仁杰间接为李唐复国做了巨大贡献），只是凭借自己高超的政治素养，自然明白这个道理：从手腕到实力，从智慧到果决，武则天确实了不起呀。

话说则天从垂帘到称帝期间，主要被后世诟病的，无非这几点：

——不择手段，杀人太多，鼓励告密，大用酷吏，"请君入瓮"。

——私生活似乎比较风流。

——对外军事屡有失策。

再便是男权社会天然的偏见：女人何以主政？

然而回头看看，积极面也挺多：

武则天劝农薄赋，对农民颇为宽容，结果是唐武德五年，《通典·食货七》："至武德有二百余万户。"《新唐书·食货志》记载："贞观初，户不及三百万。"到高宗朝，《旧唐书·高宗本纪》永徽三年"即今见有户三百八十万"。到武则天退位那年即神龙元年，《旧唐书》说是六百一十五万户。

在中古，人口增长，说明基层稳定：这就算是老百姓生活水准的基本体现了。且，武则天敢用人，而且推崇文化人。为了对抗长孙无忌，用人不看门第。沈佺期、宋之问、陈子昂这些才子，都在她手下出过力。狄仁杰千古名臣不提，反武则天的张柬之、桓彦范、敬晖，唐玄宗后来用好的姚崇，都是武则天提上来用的人。且武则天手下，确实没有过一家独大的权臣——这一点，她跟李治的原则是一样的。大概可以说，武则天垂帘到在位期间，倒霉的是李唐宗室、关陇权贵；得意的是寒门学子、普通百姓，自然也有受她宠爱的美男子们：比如薛敖曹、张易之、张昌宗……

唐朝后来是怎么衰落的？王夫之先生总结道：河北强，唐衰；河北弱，唐亡。大概唐朝自安史之乱后，藩镇割据，宦官临朝，这才一日不如一日。

利益集团分立，实是朝代的毒瘤。唐朝开国，关陇权重。武则天与李治临朝，剿灭关陇贵族，提拔平民才子。于是李隆基登基后，不必面对一群已经发展壮大的长孙氏，只需干掉他的姑姑太平公主，让爸爸李旦别掣肘，就能用武则天留给他的姚崇宋璟们治国了。武则天死后，权力基本在李显、李旦、太平公主、李隆基之间转——那都是武则天一脉的孩子们。所以了，长孙氏为首的关陇集团、来俊臣、周兴、王皇后与李唐其他宗室，九泉之下，大可以用无限恶意咒骂武则天，而且甚为合理：确实他们在武则天手下倒了大霉。但唐朝的普通农民、永徽到神龙到开元天宝年间得益的平民文化人，以及李隆基自己，至少在武则天当政期间，没怎么吃亏。

细想来，这中间真正的赢家，是唐高宗李治。

如上所述，许多民间故事，都以果推因，觉得武周代唐，是武则天狡诈狐媚，李治仁懦畏缩。阴盛阳衰，才让武则天夺了天下。可是我们不妨细想一下：

一个懦弱的人，敢在脾气冲动的父亲还活着时，跟庶母私通，搞那传奇的“未曾锦帐风云会，先沐金盆雨露恩”？

一个懦弱的人，会冒天下之大不韪，娶庶母、立为皇后？

一个懦弱的人，敢不到三十岁，就将舅舅长孙无忌与关陇权贵，一网打尽，自己提拔一堆人，当大权独揽的天子？

论迹不论心，咱们看李治的作为来概括性格，可说是外柔内刚。

从结果上来看，李治登基时，唐朝人口不超过四百万户，高句丽还不安生，朝政被长孙无忌为首的关陇贵族左右。半个世纪后，他老婆武则天退位时，唐朝人口超过六百万户，高句丽已被拿下，长孙无忌们和李唐宗室被清得七七八八。科举制已经成型，平民才子层出不穷。李白、王维、杜甫们的时代快要到来。且李治在位时，唐的疆域一度达到朝代最大。

明明李治使了那么多手腕，明明坑杀了舅舅、按住了关陇，却不沾一点儿血腥的名声：好像坏事都是他老婆做的。李治 + 武则天这对完美搭档，表现得着实不错。武则天当然在历史上大出风头，但结果看来，幕后的大赢家，还是李治啊。

唐玄宗与杨贵妃

按正史，本文女主角、先当了唐玄宗儿媳妇后来成了他伴侣的前寿王妃杨姓女子，二十二岁出家做女道士，掩人耳目地跟了五十六岁的玄宗。五年后玄宗册立杨姓女子为贵妃，就是我们所知的杨贵妃。其间杨贵妃两次得罪玄宗，被遣出皇宫，又两次被召回。又十一年后，安史之乱。马嵬驿兵变，贵妃死去。

就是如此简单。

可是因为爱情，因为白居易的《长恨歌》，后世人民都乐意相信，玄宗与贵妃乃是“天长地久有时尽，此恨绵绵无绝期”的真爱，所以各色传奇，不免应运而生。

比如，杨贵妃真名史册无载，一般史家称她道号太真，但既然《明皇杂录》这本真假杂说的书里定了她叫杨玉环，那就叫她杨玉环吧！

比如，许多人乐意相信，既然安禄山闹事断送了唐朝半截江山，按照红颜祸水理论，杨贵妃和安禄山不免有点儿瓜葛。故此各色通俗小说都描述：安禄山起兵，正是为了杨贵妃！

大家也乐意相信各色唐明皇与杨贵妃那些或美丽或暧昧的段子。后世《杨妃外传》，对下面这个场景描述得活灵活现：杨贵妃刚洗完澡出来，唐明皇一摸她的胸，说是“软温新剥鸡头肉”，安禄山立刻凑趣，接一句“润滑初来塞上酥”。

善良的读者也乐意相信，杨贵妃没死在马嵬驿。这不，许多传奇都说杨贵妃藏匿远地了，甚至说东渡日本了云云。李碧华甚至还写过一个小说，说杨贵妃一直活到了20世纪。

杨贵妃一个人专宠后宫未免寂寞，所以大家也热爱京剧《贵妃醉酒》，编造出了无数梅妃与杨妃宫斗的传奇，甚至连华清池都好像成了杨贵妃专用澡堂似的——虽然梅妃这个人物，可能历史上并不存在。

可是正史里，李隆基并不是个衣来伸手、饭来张口的太平天子。他是武则天的孙子，曾爷爷李世民，爷爷李治，奶奶武则天，都雅好文艺，却也是权力欲旺盛的斗争天才。他自己，五岁时亲历武则天称帝，亲眼看见自己父亲退位。他二十岁时，武则天退位。二十五岁时，李隆基亲自发动唐隆之变，结束了唐朝历史最凌乱的一段时光。二十七岁那年，李隆基登基为天子，二十八岁杀姑姑太平公主，顺便压倒了父亲李旦，就此一统江山，之后要迎来中国史上传奇的开元天宝。他实实在在地一路看着权争过来，还亲自搞了好几次政变，乃是杀伐天子。他自己在继承人问题上也是心狠手辣：有三个儿子的非正常死亡，经了他的手。

按说这样的人，不可能是普通的痴情男女。

传说中唐玄宗宠爱过的妃子们，梅妃很可能出于杜撰。他自己大致是少年时爱赵丽妃，中年时爱武惠妃。后者大大有名，受宠了二十五年，死后追封皇后。李隆基赐死了三个儿子，追根溯源，多与武惠妃有关。到武惠妃开元二十四年故去，一时无人可替，史书所谓:“后廷无当帝意者。”直到知天命的年纪，李隆基才遇见杨贵妃。于是晚年宠爱弥加，开始了我们都知道的传奇。

若论被李隆基宠爱的时间长度，大概是武惠妃为首。但杨贵妃跟李隆基在一起的方式，实在太过戏剧性——掩人耳目的出家，公公贪媳妇的爬灰，渔阳鼙鼓动地来，马嵬坡前草青青，太满足人民群众的八卦心了——所以就，格外引人注意了。

可是他们的感情，到底怎么算呢?

世界上没有无缘无故的爱，也没有无缘无故的恨。万事皆是因缘和合。因缘嘛，就是时间地点，当时的情境。

比如吧，以金庸小说《倚天屠龙记》为例。张无忌爱的姑娘们，其实是男人不同阶段的情感。少年初恋是娇气的小公主朱九真;山里困居五年后无人关心，所以对热心肠的殷离心动;在地道里身处绝境，所以很喜欢唱歌为他开脱情绪的小昭;排难解纷当六强后，对少时交往、如今成为峨眉高足的周芷若动心;到他成了明教教主，名震天下时，能刺激到他的就是作为敌人的赵敏了。他喜欢每个姑娘可能都是真诚的，都是人生不同阶段的心动。

同理，唐玄宗对赵妃、武惠妃和杨贵妃，也可以是如此。

年少时走一步看一步，连感情都跟政治有染，对赵妃大概是年少爱慕，跟武惠妃多半是相濡以沫。晚年了，斗了一辈子，终于松快一点儿了。唐玄宗召杨太真入宫时，自己五十多岁了，功业已成，信奉神仙，老了老了，是要享享福了。

杨贵妃对唐玄宗而言，不只是个年轻的美人。她跟唐玄宗时，恰是唐玄宗心态上最放松愉快的时候。大唐鼎盛，万邦来朝，天子可以舒服舒服，可以闹闹梨园，玩玩《霓裳羽衣曲》，不用像年少时那么励精图治，那么紧张于武家的势力了。所以杨贵妃啊，简直就像是命运给唐玄宗的退休礼物。“累了半辈子，可以快活一下了吧？”

到安禄山起兵，渔阳鼙鼓动地来，到君臣仓促辞长安西奔，到马嵬驿被迫杀杨贵妃时，唐玄宗自己也送了半条命。马嵬驿政变具体怎么回事众说纷纭，甚至有说法推测玄宗自己才是幕后推手。但结果是肯定的：杨国忠与杨贵妃的死，也意味着唐玄宗自己政治生涯的基本结束，意味着唐玄宗就此退出权力中心。这不，杨贵妃死后不久，李隆基的儿子李亨就称帝当了新皇上。

一般传说，回长安前，唐玄宗曾密令，改葬杨贵妃于他处。当初安葬时以紫褥包裹尸体，再葬时肌肤已坏，而香囊仍在。内官呈给玄宗，玄宗凄婉，命人画贵妃的画像于别殿，朝夕视之。这个故事很动人。然而《酉阳杂俎》里，却有一个思路类似，却更动人的故事。

说是天宝末年，交趾进贡来了瑞龙脑香。唐玄宗赐给杨贵妃十枚，香气传出十来步。唐玄宗夏天跟人下棋，让贺怀智弹琵琶，杨贵妃在旁边看玄宗要输棋了，就放小狗弄乱了棋子。唐玄宗高兴坏了。当日风吹杨贵妃的领巾，沾了贺怀智的头巾，好半天才落下。贺怀智回去，发现头巾上奇香无比，于是藏进了锦囊。多年后，安史之乱到尾声了，唐玄宗回宫，贺怀智把锦囊呈上。唐玄宗一打开锦囊，闻到香味，哭了：“这是贵妃的瑞龙脑香啊！”

这个故事未必是真，却写得很凄迷。对唐玄宗而言，杨贵妃啊，意味着人生最安逸最快乐的那段时光，意味着被安史之乱带走的时光，意味着天宝年间万邦来朝时，瑞龙脑的袅袅香气——又不只是白居易想象中，长生殿里的一对私密情人而已了。

唐玄宗对杨贵妃的爱，可以这么理解：天宝年间，他爱杨贵妃，犹如爱命运对他的恩宠——斗了半辈子，终于可以快乐啦！而安史之乱后，他对杨贵妃的追念，恰是对唐朝最美好时光，也是他自己最美好时光的一段回忆，那是天宝年的背影啊，那飘散着瑞龙脑香味的盛唐传奇啊。

毕竟那不只是唐玄宗自己的，也是大唐，甚至是整个中华古代，最堂皇美丽的时代啊。

将自己的爱妻让给父亲之后

本文的主角是唐玄宗十八子寿王李瑁：杨贵妃的第一任丈夫。之所以拿他做主角，是因为他在史书上，似乎从没当过主角。《旧唐书》说玄宗诸子，有关李瑁的记载如此简短：

寿王瑁，玄宗第十八子也，初名清。初，瑁母武惠妃，开元元年见幸，宠倾后宫，频产夏悼王、怀哀王、上仙公主，皆端丽，襁褓不育。及瑁之初生，让帝妃元氏请瑁在于邸中收养，妃自乳之，名为己子。十余年在宁邸，故封建之事晚于诸王。宫中常呼为十八郎。十三年三月，封为寿王，始入宫中。十五年，遥领益州大都督、剑南节度大使。二十三年，加开府仪同三司，改名瑁。二十五年，惠妃薨，葬以后礼。二十九年，让帝薨，瑁请制服，以报乳养之恩，玄宗从之。瑁，天宝中有子封为王者二人：怀为济阳郡王，偡为广阳郡王、鸿胪卿同正员。

《新唐书》说玄宗诸子，更短了：

寿王瑁，母惠妃频姙不育，及瑁生，宁王请养邸中，元妃自乳之，名为己子，故封比诸王最后。开元十五年，遥领益州大都督。初，帝以永王等尚幼，诏不入谒。瑁七岁，请与诸兄众谢，拜舞有仪矩，帝异之。宁王薨，请制服以报私恩，诏可。大历十年薨，赠太傅。子王者三人，僾王德阳郡，怀济阳郡，偡广阳郡，伉薛国公，杰国子祭酒。

即，两唐书都说：

寿王李瑁。唐玄宗第十八个儿子。母亲武惠妃得宠，但生了几个孩子都夭折。于是李瑁出生后，送到宁王府里养着。封王很晚，宫里叫他十八郎。

七岁时入宫拜谒有规矩，天子很喜欢他。

后来母亲武惠妃死了。后来养父宁王死了，他服丧报恩。

大历十年即公元 775 年，李瑁逝世。

妙在他的传里，只字未提杨贵妃。

把老婆献给天子不算，记载都消失了。

《旧唐书》的后妃传里，也没提到寿王。只说开元二十五年武惠妃过世，唐玄宗很寂寞，于是：

或奏玄琰女姿色冠代，宜蒙召见。时妃衣道士服，号曰太真。

即说杨进宫，是作为杨玄琰的女儿，女道士身份。

《新唐书》比较真诚，加了一句话，说杨氏“始为寿王妃”。

等她入宫后，又“更为寿王聘韦昭训女，而太真得幸”。

公公偷儿媳妇，《旧唐书》都不说，《新唐书》添了几句话，本传一字不提。

太委屈了，李瑁。

李瑁一生，委屈不止这一桩。

如上所述，他本是武惠妃子，却养在外头许多年。

他娶了杨氏后不久，就出了事：他老娘武惠妃一番折腾，结果唐玄宗一日杀三子，包括太子李瑛。

不久武惠妃自己去世了，她那点小九九，玄宗也不是不知道。

新立太子时，玄宗选择立长：立了李亨。

唐朝历来，竞争太子失手者，那是什么下场？我们都知道玄武门。我们都知道太宗朝李承乾和魏王泰两败俱伤。李治和武则天那几个儿子什么下场天下皆知。唐玄宗自己是看着705年到712年变化丛生，自己搞定了爸爸李旦和姑姑太平公主，才拿到的位子。

权力的游戏，你只能当输家或赢家，没有其他选择——哦不对，跑错片场了。

开元二十三年，李瑁娶了杨氏。到此春风得意。

之后六年时间里，密集发生了以下事件：

太子被废，但李瑁的娘武惠妃也去世了。

李亨为新太子。

杨氏出家为女道士，李瑁失去了妻子。

宁王去世，李瑁失去了义父，于是服丧报恩，也在提醒诸位：“我是在宁王府里养大的！”

这六年时间，李瑁从新婚、疑似太子有望，到丧母、失妻、失养父、太子无望。

其跌宕如此。

此后，就没啥关于他的记载了。

历史书上，我们都知道：李瑁的前妻跟了他爸爸，当了杨贵妃，上演了旷世传奇。

后来安史之乱了。唐玄宗西奔，马嵬事变。杨国忠与贵妃都死了不提。后来回长安前，唐玄宗曾密令，改葬杨贵妃于他所。当初安葬时以紫褥包裹尸体，再葬时肌肤已坏，而香囊仍在。内官呈给玄宗，玄宗凄婉，命人画贵妃的画像于别殿，朝夕视之。多么感人。天长地久有时尽、此恨绵绵无绝期。

其实杨贵妃死时，寿王李瑁，也在现场。

马嵬之变，看着自己的前妻死去，寿王李瑁还得给他爸爸当差。

> 十五载，玄宗避贼，行至马嵬，父老遮道请留太子讨贼，玄宗许之，遣寿王瑁及内侍高力士谕太子，太子乃还。

分部下为六军，颍王璬先行，寿王瑁等分统六军，前后左右相次。

李瑁当时看着前妻死、唐室倾、哥哥留镇，会怎么想呢？

不知道。

我一直有个邪恶的想法。

众所周知，李瑁传谕李亨后，李亨就直接登基当了皇帝，老爸唐玄宗刚知道时，还措手不及了一下。

这里有李瑁的因素在吗？

有没有可能，他对太子登基有过积极的作用？既是侍奉了新皇，又顺便给老爸踹了一脚？

不知道。

就像史书里简直都不想提他老婆被爸爸抢走的事似的，对他的心情和具体行为，我们也一无所知。我也就瞎想想。

杨贵妃逝世后六年，唐玄宗逝世；同年唐肃宗逝世。

父子两代皇帝同时逝世……嗯。

值得一提的是，唐宗室颇有一些人在作死，比如永王李璘——这货作死失败，李白也被连累过。

但李瑁很太平。

他安安静静地，活到老爸和哥哥过世十三年后，才逝世的。

假设李瑁跟杨贵妃同年，则他大概起码活到花甲之年了：对一个经历过乱世的人而言，不算短寿。

李商隐有首诗，《龙池》，很是微妙：

> 龙池赐酒敞云屏，羯鼓声高众乐停。
>
> 夜半宴归宫漏永，薛王沉醉寿王醒。

宫廷饮宴，大家都很乐呵；到夜半回来，薛王醉了，寿王还醒着。

唉。

某种程度上，寿王一直醒着。母妃逝世、妻子被夺、太子无望之后，他一直醒着。

到马嵬之变，看自己前妻死掉，看自己父皇老去，回去宣诏让自己哥哥留镇，看他当天子。护送父皇入蜀。他一直醒着。

每当想到唐玄宗跟杨贵妃饮宴欢乐时，有一双没喝醉的眼睛看着一切；想到马嵬驿前兵戈铿锵、白绫挂树，有一双没喝醉的眼睛在看着一切；唐肃宗登基称帝、永王们大搞阴谋时，有一双没喝醉的眼睛看着一切，我就觉得很微妙。

史书上，李瑁自己的传记里，他好像什么都没做；有关他的记载寥寥无几，连第一任老婆的存在都被抹杀了。他在其他人传记里出现，一般就是奉命做点儿啥事，没有自己的主观动作体现。

但想象一下他的经历：丧母、失妻、失义父，旁观老爸前妻亲热十几年，旁观大唐崩塌、妻子去世、哥哥登基、老爸失势。

他大概，比大多数人都更明白这世界是怎么回事吧。

后世看到的，是马嵬驿、华清池、长生殿、荔枝、香囊、醉酒。他看到的，是权力、伦常、人心、斗争与生死。

传奇都是他前妻和老爸的，他就看着这一切，什么都没留下来，只是默默地活了下去。

所以了，提到霓裳羽衣盛世大唐，总让人想放歌纵酒。

但念及背后有这么一双几乎得到过一切却又失去过一切、始终醒着看着权力如何运作、史传却又对其记录近乎空白的眼睛，也只能长叹一声，罢了。

高筑墙、广积粮、缓称王

以前，我这么理解朱元璋所谓“高筑墙、广积粮、缓称王”：稳扎稳打，不要冒险。等经济与后勤凌驾于对手，战场上自然可随心所欲——颇有点儿曾国藩所谓“结硬寨，打呆仗”的意思；又仿佛公元前罗马人一度用来对付蛮族的打法：多建工事壁垒，保持补给线与密集据点，步步为营。

想想这么打也不坏：按《史记》说法，秦统一天下时，王翦打楚国，硬生生向秦王要了倾国六十万人，铺天盖地压过去，再对峙个半年，然后一击终结。国力雄厚，这么做也无可厚非。

但偶尔也琢磨：兵法不都说兵贵神速么？自己在高筑墙、广积粮、缓称王，别家也在水涨船高。这么磨将下去，虽不冒险，却是旷日持久，老了英雄；再者，攻占疆域越多，动员力越强，兵也就越多。那么兵贵神速，柿子拣软的捏，东西吞并，一家独大，岂不美哉？

直到我后来看了至正十六年到二十年，朱元璋势力的地势，才明白自己终究太幼稚。

至正十六年到二十年，也就是朱元璋“高筑墙、广积粮、缓称王”的阶段，并没怎么跟元军正面作战：倒不是他不打，而是他不跟元军接壤。东有张士诚，西有徐寿辉，北有小明王，南边是长江。朱元璋坐看三面，又拥南边长江天堑，高枕无忧，没向周围三家任何一边出手，而是专心自我发展：这才是高筑墙、广积粮、缓称王的真意。

所谓高筑墙，既是他自己的城垒，也有他四周的势力：周围三边高墙，都在为他缓冲元军这个最大的敌人，让朱元璋不必担心元军大兵压境；不称王，便不必与小明王撕破脸，且让小明王北击元军，朱元璋自己经营淮泗。也因为这种做法，后来陈友谅大军东征来打朱元璋时，朱元璋可以下赌注，全军西拒陈友谅，无视东面张士诚：他是内线作战，可以集中兵力，顾着一面。西线陈友谅一完蛋，至正二十四年，朱元璋立刻称王，然后花十个月，平灭了跟他拉锯十年的张士诚。

高筑墙、广积粮、缓称王，与兵贵神速，原来并不矛盾。

——若能高效率地内线作战，则身处夹缝之中，也不那么糟糕。

——别轻易灭掉接壤国，如此可以利用它们来做战略缓冲地带。

——真要动手灭一国时，不可迟延；急速集中兵力，一口气解决问题。

慢慢来不是目的，而是手段；慢慢积累，是为了一口气解决对手。

静如处子，动如脱兔；高筑墙、广积粮、缓称王之后，便是势如破竹。

李世民曾如此夸过司马懿：“雄略内断，英猷外决，兵动若神，谋无再计。”确实也没夸错：司马懿为魏将时，讨孟达、定辽东、平王凌，都是出手狠辣，兵行如风，擅长声东击西。

然而先扬后抑，李世民又挑司马懿的刺了：“既而拥众西举，与诸葛相持。抑其甲兵，本无斗志，遗其巾帼，方发愤心。杖节当门，雄图顿屈，请战千里，诈欲示威。且秦蜀之人，勇懦非敌，夷险之路，劳逸不同，以此争功，其利可见。而返闭军固垒，莫敢争锋，生怯实而未前，死疑虚而犹遁，良将之道，失在斯乎！”

李世民的意思是：司马懿你本身素质不差，怎么公元234年遇到诸葛亮，仗打成这样？明明优势兵力，以逸待劳，却被诸葛亮压着打，看人家堵着门耗自家的资源，丢人啊！打不过，还挺虚伪：看了诸葛亮送来的巾帼，知道诸葛亮用激将法，司马懿发愤表示要出战，还玩了出千里请战，求魏明帝允许自己出兵；一看魏明帝的使者辛毗来了，顿时又缩回来，可见千里请战就是玩虚的，跟皇帝唱双簧，用如此手段在诸将面前争点儿面子，丢人啊！

虚伪了，还挺胆怯：明明兵力局面都占优，居然不敢打，被诸葛亮压在门口屯田；等诸葛亮死了，可以追击了，却被死诸葛走了活仲达，吓回来了，丢人啊！

——这里却得替司马懿说一句了：早在三年前的公元231年，他追击过北伐撤军的诸葛亮，结果魏国纵横沙场近半世纪的老将张郃，被诸葛亮一个回马枪给射死了。司马懿吃一堑长一智，这才躲起来。

话说，为何李世民非议起司马懿来如此底气十足呢？只因为李世民自己，论打法、说成绩，堪称中国军事史上的防守反击之王。

——唐与西秦的浅水原之战，李世民先守，守到薛仁杲士气虚弱，然后一个南北夹击，再兼程追杀，直接把西秦灭了。

——平山西的柏壁之战，李世民与宋金刚对峙，其间两次截击尉迟恭，断宋金刚粮道；该出动时，追奔三天不解甲，一日八战，与徐世勣南北夹击，一战而定。

——一战而破王世充与窦建德的虎牢之战，也就是京剧所谓《锁五龙》的故事了。李世民围点打援，围着洛阳城，再亲自奔袭虎牢，与窦建德相持；趁窦建德疲惫，铁骑冲营，一日破建德，回马取洛阳。对李世民而言，一味守，没意思；守，是为了攻，而且是急攻。

有人说过自古能兵者，李世民第一，朱元璋次之。如上所述，李世民的名战役，都是相持之后，奔战绝杀。朱元璋的大战略，是高筑墙、广积粮、缓称王，相持十年，集中兵力，东西奔走，急速破之。

自古能兵者，所见略同啊。

如何评价一个皇帝

评价一国的统治者，依不同角度与不同史观，可分为许多派，脾气差一点儿的，最后还会打起来。好比味觉派说榴梿好吃；嗅觉派说榴梿臭；营养派说榴梿营养丰富；易携派说榴梿拎起来重；触觉派说榴梿多刺；储存派说榴梿不耐久放。最后自然是，谁也说服不了谁。

而后人评论统治者，又多容易以果推因，于是常有以下情况。

比如某开国之君：

——若他有生之年完成集权，但国祚不长，传统史观会说他排除异己。

——若他有生之年没完成集权，且国祚不长，传统史观会说他无力御下。

——若他有生之年完成集权，且国祚长久，传统史观会说他混一四海。

——若他有生之年没完成集权，但国祚长久，传统史观会说他宽宏大度。

比如某壮阔的开疆之君：

——结果好，那就是雄才大略。

——结果不好，那就是穷兵黩武。

——提拔基层得力，那就是任贤使能。不得力，就是任用私人。

——任用老将得力，那就是用人不疑。不得力，那就是暮气沉沉。

比如某内敛的守成之君：

——国祚长久，那就是施政仁义。

——国祚不久，那就是保守趋退。

甚至，私人品德上也会因结果而导致不同评价：

——国祚长久而多有内宠，那是风流天子。

——国祚不久而多有内宠，那是色欲亡国。

——国祚长久而大搞文化，那是文采翰林。

——国祚不久而大搞文化，那是靡费乱邦。

举个例子吧：乾隆皇帝。

若站在中国传统史书评价角度，他本算个合格的皇帝：安抚百姓，视察水利，减免税收。这些公共福利，以18世纪中国的行政与科技条件，他算做得很好了。在他治下，中国也确实人口大发展、海内颇富裕。他跟他爷爷的统治期合称康乾盛世，也算得是安了邦。又改土归流，兴兵征讨，拿下了西北、北方与西南，将原本松散的藩属更牢固地掌握了：这算是开疆。

文治武功都有了，他老人家自吹十全武功，虽然有些过，但也不算太离谱。

当然，为了安邦，乾隆搞了许多集权的工作，很容易让现代人不愉快；乾隆年间，民间贫富差距依然巨大，却想想18世纪的农业社会，不算太发达的商业发展，中国本身的广大疆域，要消除贫富差距达到海内兼富，还真不易。

当然，为了开疆，乾隆朝征伐也多所杀伤，有穷兵黩武之嫌——但历朝开疆者，莫不如此。

即，在中国传统历史角度，乾隆皇帝，相比起他的历代同行，在安邦和拓疆两个角度，都不失为一个合格的皇帝，甚至从某些角度讲，可算是个好皇帝。

可惜，乾隆皇帝身故时，已经是 19 世纪前夜了。一个古代史皇帝，一旦扔进现代史观里，问题就大了。

传统史观里，君臣揖和、百姓安堵，就算是好了。但在我们熟知 19 世纪历史的现代眼光下，不免会觉得，乾隆是个靠集权稳定了国内统治，但因循守旧错过改革时机的东方君主——明明死时已近 19 世纪了，却没能随时代而改革，某种程度上，还阻碍了后续的改革，哼！

以现代视角看，消除了统治者的神圣光环、讲究平等与天赋人权的角度，则每个统治者都是曹刿所谓肉食者鄙、未能远谋。在现代视角下，一个不进取、不改革、不开明的统治者，自然有过错。就像美术史上有学者说过偏激的说法：印象派之前，画家只需要做好自己分内的事；印象派之后，画家不创新就是种罪过。

中国历史有种情况，出现不止一次：一个君王 / 朝代，总在开国时疑似万象更新——不更新的早早被干掉了，都没来得及成为朝代。而后，多半会在某种程度的集权后，迎来一段时间的平稳期，接着又迎来新的分权者——外戚、宦官、权贵等——形成兼并。最后日益散或弱，终于迎来末期。

所以历史上当权久了的皇帝，不少是在中前期圣明进取，而晚节很难保证：若非姑息养奸，就是大开杀伐。

自然也有想改变宿命的，但在大历史潮流之中，个人的意志驱动力很是有限。一代人只能做一代人的事。企图一代人做几代人事的所谓超前者，很容易被时代浪潮打得粉碎，好意愿办出坏结果。而保守的统治者顺应时代潮流，也容易被后来者嘲弄。

所以中国古来皇帝凡是当久了的，许多身后难免毁誉一体：无论开头多么圣明，时间长了，总容易在保守僵硬或激进暴虐中走一条路。许多时候不是人力可为，而是制度天然的问题。

郑少秋主演的电视剧《戏说乾隆》第二部的主题歌，姚谦老师有句歌词很好："人生得意莫言早，是非论断后人道"，就是这意思。

王朝总要开两遍国

历来王朝，多要开两遍国。

一遍灭掉对手，一遍整理山河。

周武王干掉了纣王，分诸侯定天下。此后，亲贵管叔、蔡叔闹事谋反，周公平叛，营造了成周雒邑，即后来的东都洛阳。所以儒家喜欢以周公为圣人。

刘邦在公元前202年干掉项羽后，称汉皇帝，又当了七年天子。这七年里，他忙忙碌碌，一直在杀功臣异姓王：擒臧荼、杀韩信、斩彭越为肉酱，诛英布于九江。卢绾北奔，韩王信和陈豨被杀。此后汉景帝时，又平了吴楚七国之乱。汉武帝又行推恩令，终于诸侯王都老实了。汉朝遂进入全盛期。

朱元璋开国之后，还来得及当三十一年天子，所以动起手，动静也厉害。传说中的徐达蒸鹅赐死不知是不是真的，刘伯温生病后遭遇胡惟庸请的医生而死也有点儿暧昧，但其他如廖永忠逾制而死，朱文正违法囚禁而死，傅友德请赏田而死，众所周知。蓝玉案与胡惟庸案更是连累得血流成河。功臣良将，一时俱尽。顺治皇帝入关坐天下，是1644年。历史也一般把这一年明亡清兴，当成改朝换代。可是当日掌大权的实是多尔衮。之后裂土封王、大臣分立，到二十五年后，康熙擒鳌拜，又四年后启动平三藩举措。从此清朝没了异姓王独大，才算是权真正归天子。

灭掉其他势力一统天下，是一遍；平灭功臣与封疆诸侯，是第二遍。

曼瑟尔·奥尔森先生的名著《国家兴衰探源》，说过这个理论：允许自由地建立各种组织而又长期没有动乱或入侵的国家，其经济增长受到分利集团的阻碍和危害也就更严重。

——事权统一，经济增长快；利益集团多，经济增长便慢。

雨果小说《巴黎圣母院》里，法王路易十一曾经对当日局势不满：

法国有多少绞刑架，就有多少国王，这情势太讨厌了，不能这么下去了。

“总有一天，人们眼睛看得到的地方，就只有一个绞刑架，一个国王！”

他老人家也确实在任内大体完成了法兰西的统一。路易十三国王时期，著名的红衣主教黎塞留则北拒英国的白金汉公爵，东撺掇起了三十年战争，终于阻止了德意志的统一，对内巩固了法国的权柄，如此，路易十四才能成为太阳王，成了法国历史上的汉武帝或乾隆爷。

“自己统一，让别人不能统一。”这就是历来强权者的做法。

中古政治从来就是这么黑暗，许多时候，统一事权就是得流血。也因此，赵匡胤那样的“杯酒释兵权”，谈笑间解决权贵兵权问题，实为后世传奇。如刘邦与朱元璋这样坐天下后杀功臣，没大规模殃及百姓，其实也还算好。最怕的就是：明明只想清除一两个异己，却祸及百姓，兵连祸结，那就糟糕至极了。

至于明朝建文帝自己翻船，被叔叔朱棣得了天下，那就是另一个故事了。

拥立的人，并不总是忠心的

中国古代，尧舜搞禅让是为美谈：见贤德者，主动让天下，端的是好！连韦小宝也知道尧舜禹汤鸟生鱼汤，是大大的好词。

自然也有些知识分子，对禅让制很是怀疑。《荀子·正论》质疑其真实性："夫曰尧舜禅让，是虚言也，是浅者之传，是陋者之说也。"《韩非子·说疑》更直白："舜逼尧，禹逼舜，汤放桀，武王伐纣。此四王者，人臣弑其君者也，而天下誉之。"

大概早有人觉得，所谓禅让，都是说好听的；骨子里，就是强权、逼宫、弑君。

细一想，还真是。中国历史上有年表可查的禅让，是王莽篡西汉，是曹丕篡东汉，是司马炎以晋代魏。南北朝时，南朝宋齐梁陈就禅来禅去。凡禅让者，多谥恭帝。东晋恭帝禅给刘裕，西魏恭帝禅给宇文觉，隋恭帝禅给李渊，后周恭帝禅给赵匡胤……说是应天顺人，更像是文过饰非。

当然，过程还是要走一走的。曹操死，曹丕为魏王。夏天东郊大阅兵，再大军回故乡显威风。然后汉献帝开始让位。汉献帝让，曹丕推；汉献帝让，曹丕推。中间有一批人上表，意思是天运惟德所在，汉室已衰，再不登基，就过于恭敬了，我们很不安啊！然后汉献帝下诏书，总之是大夸曹操父子。一群人上表劝曹丕，曹丕又推让。终于搞出个封禅坛，接受了禅位。曹丕回头对群臣说了他人生最妙的一句话：舜禹之事，吾知之矣。

——“舜禹那些事，我算是知道了！”

——所谓禅让，也就是这么回事！

四十五年后，司马懿、司马师与司马昭父子，已经把魏国大权揽得差不多了，司马昭逝世，司马炎接任为晋王，九月，以何曾为丞相，王沈为御史大夫。然后魏帝曹奂下诏书，格式跟当年汉献帝夸曹丕那套基本一样。司马炎自然也要礼让的，于是刚被提拔的何曾与王沈等赶紧发挥作用，“固请”。司马炎一脸的不得已：都怪你们那么多人要我做皇帝，我也不想的呀！——然后，登基称帝了。

您自然发现了：王沈这人，还真帮忙啊！

王沈早年，跟的是曹爽。司马懿杀曹爽后，王沈还是在魏国朝廷混。魏皇帝曹髦试图消灭司马氏，找王沈商量，王沈跑去跟司马昭告密，此后曹髦被司马昭杀死，王沈因功封安平侯。

——哪位会说了，这位听着挺善变的呀？的确是。《晋书·王沈传》都说他“沈既不忠于主，甚为众论所非”。

——但这类人好用嘛。

回头说曹丕：他封魏王后，第一件事便是任命贾诩为太尉。孙权听说了，大笑。说来也不难理解：贾诩虽是大智士，但人品并不怎么样。投奔的主子——李傕、郭汜、张济、张绣——多半都死了；自己曾引西凉军入长安，也算是做过了捣乱世间的缺德事；助张绣杀了曹操的长子、侄子与爱将。他自己是靠着准确的投靠时机，归附了曹操，又聪明地扶曹丕当了继承人，于是得以功高爵显——聪明归聪明，人品是不怎么地；曹丕因为贾诩扶立有功，一登基就赶紧让他当太尉作为报酬，难怪孙权要大笑了。

——擅长拥立的人，那都不算什么道德君子。见风转舵，一把好手。

这里又得说了：赵匡胤的名宰相赵普第一次罢相后，怎么重新上台的呢？

话说，宋太宗接他哥哥的位置，“斧声烛影千古疑”。他的执政也得有人帮衬才显得名正言顺。于是赵普为宋太宗搬出了“金匮之盟”，确立了宋太宗执政的合法地位，继而看着宋太宗，坑害赵匡胤的儿子——也就是其他继承者候选人。王夫之先生后来，明说赵普是奸臣，“熏灼天下而不可浣”——当然我们也可以说，五代十国时，文人被压怕了，所以总是奉承上意吧？

所以狡猾的天子们，也经常利用这类拥立之臣，用完了？扔。

明朝有著名的夺门之变，景宗将死，英宗复辟。首功之臣，是在景宗病榻前受命的石亨，是太监曹吉祥——刚要送走老皇帝，回头扶了新皇帝。可是英宗复辟五年后，这二位功臣也在曹石之变中被干掉——大概君王也明白，这等小人实在危险得很。

某种程度上，君王与拥立者，那都在彼此打量。每一个带头在下面山呼万岁的，可能是最想要趁着拥立跟着骗富贵的——也可能是第一个变脸的。真正聪明的人，自己当然知道无法万岁，所以格外警惕喊万岁的人——这既可能是服从，也可能是捧杀啊。

话说，前头提到，有一批人上表，劝曹丕当皇帝，说曹丕再不登基，我们很不安啊！——这批人中领头的，正是三十年后篡了曹家大权，又十五年后让自己孙子篡了曹家江山的督军御史中丞，司马懿。

辑二——为臣殊不易

韩信的命运

明朝学者茅坤《史记钞》有个说法：韩信用兵之巧，仿佛从天而下，且，从未与敌人血战。有多巧呢？嗯，看看好啦：

——灭魏。魏国大军集中在蒲坂。韩信于是大量疑兵，集中在临晋附近渡口，伏兵从夏阳用木罂渡河，偷袭安邑，捉住魏豹。

这是声东击西，对地理、河流、敌我位置了如指掌后出手。军队的执行力与速度，了不起啊。

——破代，在阏与擒了夏说，史书没谈细节，但我们得补一句：阏与这地方，历来号称险峻难救。战国时勇猛如赵将廉颇，都不敢轻易涉足那里。赵括的爸爸赵奢，就是在此处击破秦国大将胡伤，地位从此齐平了赵国栋梁廉颇和蔺相如。这么险的地方，韩信搞定了。

——井陉一战，韩信以少打多击破陈余，还弄出了著名成语背水一战。事后韩信对诸将侃侃而谈，说置之死地而后生。但他怎么判断陈余一定会出击？怎么确认本方军队不会崩溃？怎么规划骑兵的突击路线？说来容易做着难。

——定齐，迎战楚国当时头号猛将龙且，韩信又是弱势兵力。于是半渡打龙且，退军，等龙且军队半渡，决河放水，急攻杀了龙且，定了齐国。

这是自井陉之战后，韩信又一次佯退反击了。井陉之战是自己背水一战，定齐之战是借用水干掉了龙且。

——垓下一战，韩信亲自斗项羽。又一次先行后退，张左右兵马围击项羽。项羽一生正面大规模会战，怕也只败了这么一次而已。

明面上，韩信的风格是：

——善用地形：对魏渡河、对赵背水、对龙且决水。

——善于机变忽悠人：对魏声东击西、对赵佯退偷袭、对龙且和项羽都是佯退诱敌。

——洞悉心理：掌握了陈余、龙且和项羽急于求胜的心理；掌握了本方士兵置之死地而后生的心理。

——善于佯退诱敌，如上所述。

之前章邯王离、刘邦彭越，那么多名将老兵油子，都跟项羽打过。为啥谁都没法施展韩信这个佯退包围、一举得手呢？

因为自古打仗，后退都是个大难题：若不是军队令行禁止，一退就溃。然而韩信一而再、再而三地玩诈退诱敌，还玩出花来了。

都知道该兵贵神速。可是为什么有些部队就能穿插自如，有些部队就不行呢？孙子说兵法之妙，风林火山。就是组织训练到了化境，调动自如。欧洲的腓特烈二世和拿破仑后来都总结过，军队的机动速度，取决于训练度与组织严密度。

奇策是花样，但军队战斗力，还得靠组织、训练与控制。

韩信跟刘邦聊天，不说自己计策有多好，只说自己将兵多多益善，而刘邦不过能将十万。兵多了有多难管呢？参考前秦苻坚淝水之战大军溃败就知道了：一乱全溃，号令无用。可是韩信啊，兵多了也管得好。能进能退，敢死能战。什么计策都玩得出来。难得的是，韩信用的多是临时新兵。《史记》里明说了：韩信破魏破代，刘邦就派人把他的精兵收走去扛项羽。韩信于是自己重新组织新兵训练。刘邦还曾经拿走过韩信的兵权，让他自己组织军队去打齐国。

带新兵有多难，把新兵指挥得进退自如有多难？且古代打仗基本靠吼、基层士兵伍长什长许多是文盲。如此韩信能把军队带得随心所欲，一辈子开疆拓土却基本不用硬碰硬血战，靠机动调度和地形，变着花样，把一切对手玩弄于股掌之上。真难得。

所谓奇策，用点儿想象力，都施展得出来：说评书的先生们编奇策，那想象力才够瞧呢。

但蕴藏在奇策背后，这些让部队进退自如、运用存乎一心的能耐，这些扎扎实实的组织、训练与统兵之道，才是韩信最可怕的地方。

哪位会问了：韩信都这么聪明了，怎么还能想不通鸟尽弓藏的道理，被刘邦搞掉呢？

韩信的命运，与他的性格与自我定位有关，也跟历史的进程有关——脱离时代背景看一个人的性格，很容易看错。

太史公煞费苦心地在《淮阴侯列传》开头写了那几个细节：看懂了，就明白了韩信的一生。

韩信出身布衣，贫无行，当不了吏，又不会做商人，就蹭吃蹭喝。

被南昌亭长的老婆摆脸子，韩信气走了；漂母给他吃的，韩信说一定要回报。之后是著名的胯下之辱。当时对面少年嘲弄他："若虽长大，好带刀剑，中情怯耳。"——韩信很喜欢佩剑。

后来项梁渡淮，韩信也佩剑从之。哪怕最穷的时候，韩信都爱佩剑：他把自己当个有身份的人。别人对他不好，他不高兴；别人对他好，他就要报答。封王之后，漂母的恩惠，亭长的羞辱，他都报答了。

萧何后来向刘邦推荐时，说韩信"国士无双"。读过《史记》的，一定对国士这个词有印象。名刺客豫让，有两句名言：一是"中行氏以众人待我，我故以众人报之。智伯以国士待我，我故以国士报之"；一是"士为知己者死，女为悦己者容"。

本质上，韩信自视为国士：对知己者效忠报答，此乃战国以来的遗风，算是那个时代的骑士精神。故此，韩信跟项羽时不见用，便走了；萧何要举荐他，他等不及，也走了，萧何去追他回来；刘邦对他好，他就对刘邦效忠。他还对蒯彻这么说：

> 汉王遇我甚厚，载我以其车，衣我以其衣，食我以其食。吾闻之，乘人之车者载人之患，衣人之衣者怀人之忧，食人之食者死人之事，吾岂可以乡利倍义乎！

既然有恩报恩有仇报仇，所以韩信总觉得"我功劳大，汉朝总不会坑我吧？"《史记》所谓："韩信犹豫不忍倍汉，又自以为功多，汉终不夺我齐。"当然，韩信也不是白白效忠：我对你好，你也得对我好才行！他也要刘邦封他假齐王。他也要刘邦封他楚王。在他看来，这是合理的：国士待我，国士报之，对等的尊严嘛！

可惜刘邦不这么想。

我们都知道，社会大众思想转型，要比历史进程慢一点儿。刘邦大封异姓王灭楚，等灭楚定天下后，不能容许异姓王的存在，便一个一个干掉了。后来文景之治是平了吴楚七国，汉武帝推恩令，终于权力完全集中于中央——那是后话了。

秦始皇是搞郡县制，不分封；刘邦是先分封，再一个个搞掉。他们都不能允许异姓王存在，只是刘邦更委婉。韩信后来被刘邦捉住后，吼了一句愤懑之语："天下已定，我固当烹！"——天下定了，是该杀我啦！

大概韩信还保持着战国时那种思维：国士待我，国士报之。你怎么能鸟尽弓藏呢？

然而时代已经改变了。从秦汉之后，君王不会再把权力轻易分给别人了。君王只要你完全无威胁的效忠，以及万世一系的权力。韩信总以为国士待我，国士报之，汉不会夺我的封地。可惜，那个时代过去了。所以他一辈子都在当一个国士、一个将军，却不是一个政治家呀。

金庸先生写《碧血剑》，李自成得北京，大功臣李岩却听到了这么一段歌，预言了他之后的命运。

无官方是一身轻，伴君伴虎自古云。

归家便是三生幸，鸟尽弓藏走狗烹。

子胥功高吴王忌，文种灭吴身首分。

可惜了淮阴命，空留下武穆名。

大功谁及徐将军？

神机妙算刘伯温，算不到：

大明天子坐龙廷，文武功臣命归阴。

嘻，唉。

如何描述一个不孝顺的冒险家与贪污犯

本故事的主角因为出身寒门，没有留下确切的生卒年月。只有些许中立记载称其年少时品行不端。与大多数胸怀大志的青年一样去首都谋出路后，他认识了一个首脑，得到了举荐。在等候举荐的过程中，本文主角的父亲逝世，他拒绝回家奔丧，隐瞒了消息——这件事败露后，他理所当然被投入监狱，连累举荐他的伯乐被削爵位，得了难听的谥号。

情知在文官遍地的首都并无出路，本文主角决定去边塞当冒险家。他在某次军事行动中，趁长官不知，虚构了皇帝的诏书，召集人马，在长官企图反对时按剑威胁，终于逼迫长官随他完成了一次征伐。立下功劳后，本文主角上了一道漂亮的诏书，陈述自己的所作所为都是出于强烈的爱国心。当然，他此后的行为，也很符合其早期表现出的个性：完成功勋的同时，他据说贪污了部分战利品，当这部分战利品被查办时，他转而指责查办者，质问他们是否有叛徒的嫌疑。

当这部分贪污的战利品最终被曝光时，理所当然地，他被免去了官位。此后，据说他又在一出外交事件里诬告他人，显然有挑拨的嫌疑，他因此一度被判死罪，但还是被轻判了。

当然，这还不是他受贿生涯的尽头，也不是他违法勾当的结尾。

当时的国土建设部长好大喜功，制订了一个迁徙计划，本文主角表示赞同，说自己将带头迁徙来配合此计划——事实证明，此计划劳民伤财，一无所成，事后查验时，发现本文主角所谓的带头迁徙纯属空言。于是，当然，本文主角再次下狱，连带被查出了受贿记录，于是再次被发配到边塞。

至此，本文主角的性情似乎也很明显了：一个利益至上的冒险家，一个狡猾的投机者，一个大胆的枭雄。但是不止于此。

那一次让他名垂青史的军事行动——虚构皇帝诏书、擅自聚集人马、胁迫长官依从——是汉朝历史上最伟大的行动之一：活捉到了匈奴单于，从此半永久性地解决了西汉朝的漠北威胁。在他著名的诏书里，聪明地将他的擅自行动，归为“赖陛下神灵”，将他的目的归结为一句名传后世的话：“以示万里，明犯强汉者，虽远必诛！”

是了，本文主角就是西汉末年名将，陈汤。

他这句“以示万里，明犯强汉者，虽远必诛”名垂后世，比他的隐瞒父丧、贪污腐败、阳奉阴违、诬告康居等破事，有名得多了。

我们描述一个英雄人物时，往往希望他立功立德，极尽完美。但大多数时候，功德难两全。勇决者多不免鲁莽，沉稳者多不免柔懦；善智计者多难免阴险，热诚坦率者多会显迟钝。大多数卓越品德，很难恰到好处地达到恰好完美的地步。而从不同的角度，也可以得出不同的结论。

比如我们可以说，陈汤多少是用他的爱国情操，遮盖了他底下那些利益至上的破事，以至于他那句爱国的口号，都带一点儿免罪邀功的色彩；但我们也可以说，若非他骨子里是个利益至上的冒险家，是个会瞒父丧、矫诏书、坑领导、搞贪污的家伙，他也做不出这样胆大妄为、然而成果惊人的功业了。

世上大多数非常之事，都需要有点儿非常的热情支撑；而这种非常的热情，并不总能恰到好处地用对地方。从概率上来说，道德完美的英雄，实在是小概率的产物；大多数英雄都瑕瑜互见——用鲁迅先生的说法就是：有缺点的战士终竟是战士，完美的苍蝇，也终竟不过是苍蝇。

诸葛亮，奇谋为短？

关于诸葛亮的军事能力，有种说法：

> 然亮才，于治戎为长，奇谋为短，理民之干，优于将略。而所与对敌，或值人杰，加众寡不侔，攻守异体，故虽连年动众，未能有克。（陈寿《三国志·蜀志·诸葛亮传》）

这段话的意思是，诸葛亮的才华，长于治戎，短于奇谋；民政才华胜过将略。他所对敌者又是人杰，加上寡不敌众，又加上是主动进攻，所以虽然连年用兵，却没能成功。

众所周知，这段话已被各色“我来告诉你一个历史上的诸葛亮”之类玩意用腻了。既如此，就以他出师未捷身先死的北伐，来说说诸葛亮的短处：奇谋与战略。

一、有必要北伐吗？

一种说法是，诸葛亮北伐空耗国力。

然而裴松之注的原文，说得明白：诸葛亮出兵时军纪太好，所以国内没啥问题，所谓“行法严而国人悦服，用民尽其力而下不怨。及其兵出入如宾，行不寇，刍荛者不猎，如在国中。其用兵也，止如山，进退如风，兵出之日，天下震动，而人心不忧”。

反而是魏国，被诸葛亮挠得不爽，简直觉都要睡不好。所谓“若此人不亡，终其志意，连年运思，刻日兴谋，则凉、雍不解甲，中国不释鞍”。

所以诸葛亮北伐，实在是自己人不慌，魏国着忙。

哪位说了：诸葛亮不北伐多好啊，蹲守蜀地当乌龟，过个几十年再说。可是魏国的孙资，就这么打过如意算盘：曹魏九州半，吴国二州半，蜀汉一州之地。大家憋着呗，没几年，曹魏就得意了，是所谓“数年之间，中国日盛，吴蜀二虏必自罢弊”。

北伐则魏忧汉安，不北伐则必自罢弊。诸葛亮的选择呢？以攻为守呗。

二、形势

公元220—223年，刘备、关羽、张飞、马超、黄忠、法正等相继谢世；夷陵一炬，蜀汉精英丧尽。刘备死那年，魏国老几位分别给诸葛亮写书信，表示天命在咱大魏，你如果举国称藩，岂不美哉？诸葛亮不回信。《三国志·蜀书·诸葛亮传》，注引《诸葛亮集》：“是岁，魏司徒华歆、司空王朗、尚书令陈群、太史令许芝、谒者仆射诸葛璋各有书与亮，陈天命人事，欲使举国称藩。亮遂不报书。”

蜀道难，是为蜀汉天然屏障。历史上因为蜀道难难于上青天，川中很容易凭险割据；但也因为蜀道难，川中势力很难打出去。

历来以川中为根据地而得天下者，那是没有的。刘邦以汉中起家得天下算最接近了，但当日刘邦还定三秦，三秦当家都是降将，不算得人心；且汉水尚可运粮。而公元前186年的武都地震，改变了汉水流向，使得诸葛亮无法走当年韩信的道路了。所以诸葛亮北伐，是在试图完成一个历史上没人完成的伟业。

诸葛亮的理想《隆中对》，在关羽死前，本也有点儿模样：一路出秦川，一路出宛洛，钳形攻势；待中原有变，便可动手。当然，关羽一死，荆州一失，所谓的左右开弓，只剩了单线出击。天不时、地不利、人不和。《三国演义》这部小说，因为是小说，打起来一般是：张佳玮与甜甜圈战不三合，拖枪便走；甜甜圈引兵追来，忽听一声炮响，伏兵齐出，左有油条，右有年糕，趁乱放火，甜甜圈大败，张佳玮翻身杀回……

诸葛亮的战略，自然没这么简单。

三、一伐

历史上有个著名的"如果"：如果按传说中魏延的子午谷战略偷袭，能成功吗？

实际上，这么做想成功，需要同时满足以下要求：

——五千精兵确实能十天赶到长安。

——长安守军要笨到措手不及被直接取城，因为十天急行军的部队无法带攻城器械。

——诸葛亮后续部队必须也准时赶到，不然五千人立刻会被魏国反过来包饺子。

蜀汉人口不过九十万，北线可用之兵不过十万，精锐更屈指可数。能用来赌博一掷么？

后来李自成之前的闯王高迎祥倒是出过子午谷，结果嘛……于是李自成就成了闯王。

公元 228 年春天，诸葛亮扬声出箕谷，用当时蜀汉上一代传奇将军赵云做幌子。诸葛亮自己走陇右，真是声东击西。这就是所谓第一次北伐。

为什么是公元 228 年呢？此前两年，诸葛亮平定了南方，所谓南方已定兵甲已足，锻炼了队伍缴获了物资。

且公元 226 年曹丕去世，夏天孙权攻打江夏与襄阳，次年孟达造反。227 年冬天诸葛亮出师，让曹魏在东南和南面头疼后，西面也遭打击了。

出击时机并不错，曹魏毫无防备，大惊失色。南安、天水、永安三郡叛魏响应诸葛亮，关中响震。《魏略》也表示，魏国都没想到蜀汉会忽然出来：

> 始，国家以蜀中惟有刘备。备既死，数岁寂然无声，是以略无备预；而卒闻亮出，朝野恐惧，陇右、祁山尤甚，故三郡同时应亮。

这么出人意料，大概也称得上是出奇制胜了吧？

设若诸葛亮奇谋为短，那被他吓得朝野恐惧的曹魏诸位，是不是心理承受能力太弱了呢？

当然，之后便是街亭与箕谷败北。街亭之战，诸葛亮让马谡在前对张郃，自己是指望接受了三郡后前来的。但张郃来得太快，马谡又没听诸葛亮的布置，所谓“违亮节度”。

马谡败北，诸葛亮退兵，一伐结束。一伐之失，在于用错了人，马谡自己作死，以及兵力分散。但大体战略目标，本来是完成了的：赵云声东，诸葛亮击西。三郡也到手了，可惜又吐出去了，只是带走了些人民。

当然，诸葛亮还是顺便从三郡捞到了后来的蜀汉脊梁姜维。曹魏这边，老将张郃完成了一生最辉煌的战役。当时所谓“自诸葛亮皆惮之”，大概也是从此开始：诸葛亮盯上张郃了。

四、二伐与三伐

魏国方面的反应是：曹真派郝昭屯兵陈仓。

——其实也不难理解：诸葛亮先前出陇右失手，进军线路可选择的就少了。228 年秋天，陆逊于石亭大破曹休。冬天，诸葛亮朝陈仓来了。按时间推算，诸葛亮上了《后出师表》后，一个月已到陈仓城下：显然所部不多。又围了陈仓一个月，收工了。

故二伐更像是个假动作：曹叡派张郃去打诸葛亮，张郃发挥他著名的巧变与计算，说自己还没到，诸葛亮就会粮尽退兵。

连对手都猜得出诸葛亮是出来打一枪就回去的。当然，诸葛亮也捞了点好处：撤军时一个回马枪，杀了魏将王双。

众所周知，冷兵器时代，大规模杀伤多在追击中出现。当年孙权打合肥撤退，被张辽追杀，后世所谓“威震逍遥津”。

诸葛亮却来了个回马枪反击得手。则其军纪之严谨，部队战斗力之强，可以想见。

然而还没结束呢。

公元228年年底，诸葛亮陈仓退兵，下一年春天，陈式出现在西面，向武都与阴平去；魏雍州刺史郭淮来救，诸葛亮大军直向建威；郭淮是老江湖了，当年在汉中见识过夏侯渊怎么被斩的，对危机极有嗅觉，赶紧走。

蜀汉得了武都与阴平，后者在历史上大大有名，是三十多年后邓艾偷渡阴平取成都那一路，战略地位，那也不用提了。

事后看来，二伐与三伐是这样的：

曹真料定诸葛亮要走陈仓，诸葛亮确实围了围陈仓，一个月收工，回马枪杀了王双。转过年来，陈式在另一边端了武都与阴平，诸葛亮后续随之，郭淮敏锐地躲开了。

比起一伐，赵云与诸葛亮玩声东击西，二三伐则是诸葛亮亲自在陈仓晃了一下回去了，陈式在另一边拿了地盘。

这里有个插曲：公元230年，曹魏大将军曹真伐蜀汉，未遂。同年诸葛亮派魏延与吴懿西出羌中，破了费曜与郭淮。

这一战后，魏延封南郑侯、假节。想想魏延在刘备麾下，汉中太守；在诸葛亮麾下，南郑侯、假节、领凉州刺史。不妨说，诸葛亮才是尽了魏延之才的真伯乐啊。

至于后来所谓“诸葛遗计杀魏延”，出自罗贯中的小说家言。正史而论，魏延更像是得罪人太多，都是诸葛亮护着，于是骄横跋扈；到诸葛亮死后，魏延捣乱，而先前的同事杨仪为首，一起跟他对着干：那是魏延自己的事了。

五、诸葛亮对司马懿

公元230年，曹魏攻打汉中未遂。再半年后，诸葛亮以木牛运粮，包围祁山。曹魏那边，司马懿来了。

《三国志》说得极简略：

> 九年，亮复出祁山，以木牛运；粮尽退军，与魏将张郃交战，射杀郃。

没法子，因为《三国志》作者陈寿人逢晋朝，涉及晋宣帝司马懿，没法直说。

《晋书》说：

> 张郃劝帝分军往雍、郿为后镇，帝曰：“料前军独能当之者，将军言是也。若不能当，而分为前后，此楚之三军所以为黥布禽

也。”遂进军隃麋。亮闻大军且至，乃自帅众将芟上邽之麦。诸将皆惧，帝曰：“亮虑多决少，必安营自固，然后芟麦，吾得二日兼行足矣。”于是卷甲晨夜赴之，亮望尘而遁。帝曰：“吾倍道疲劳，此晓兵者之所贪也。亮不敢据渭水，此易与耳。”进次汉阳，与亮相遇，帝列阵以待之。使将牛金轻骑饵之，兵才接而亮退，追至祁山。亮屯卤城，据南北二山，断水为重围。帝攻拔其围，亮宵遁，追击破之，俘斩万计。天子使使者劳军，增封邑。

《汉晋春秋》曰：

……宣王使曜、陵留精兵四千守上邽，余众悉出，西救祁山。郃欲分兵驻雍、郿，宣王曰：“料前军能独当之者，将军言是也；若不能当而分为前后，此楚之三军所以为黥布禽也。”遂进。亮分兵留攻，自逆宣王于上邽。郭淮、费曜等徼亮，亮破之，因大芟刈其麦，与宣王遇于上邽之东，敛兵依险，军不得交，亮引而还。宣王寻亮至于卤城。张郃曰：“彼远来逆我，请战不得，谓我利在不战，欲以长计制之也。且祁山知大军以在近，人情自固，可止屯于此，分为奇兵，示出其后，不宜进前而不敢逼，坐失民望也。今亮悬军食少，亦行去矣。”宣王不从，故寻亮。既至，又登山掘营，不肯战。贾诩、魏平数请战，因曰：“公畏蜀如畏虎，奈天下笑何！”宣王病之。诸将咸请战。五月辛巳，乃使张郃攻无当监何平于南围，自案中道向亮。亮使魏延、高翔、吴班赴拒，大破之，获甲首三千级，玄铠五千领，角弩三千一百张，宣王还保营。

可归纳出的事实是：诸葛亮过来了；张郃要求分兵驻守，司马懿没听；诸葛亮去上邽，割走了麦子。

说法不一的是：《晋书》没提诸葛亮割麦之前，击破了郭淮与费曜。《晋书》也没提司马懿被诸将抱怨“畏蜀如虎”，于是司马懿出战与张郃在卤城打诸葛亮，被诸葛亮大破，战果就是甲首三千、玄铠五千、角弩三千一百。

之后诸葛亮粮尽退军，张郃追杀，在木门道被诸葛亮一个回马枪，膝盖中了一箭，死了。

《晋书》里吹说司马懿在卤城一带击破诸葛亮。但是：

——街亭马谡败后，诸葛亮自贬；四伐之后，诸葛亮却没自贬，可猜想蜀汉没有大败。

——司马懿卤城一战后，一直避免再战，怎么看都不像是赢了的样子：他老人家那可是侵略如火、落井下石、得理不让人的打法呀。

——张郃是在追击诸葛亮时死在木门道的，木门道在卤城东北；按说蜀汉退军该是往西南走，张郃怎么追着追着追到东北去了呢？

所以真相大致是：

诸葛亮在上邽割了麦子，司马懿被晃了；之后在卤城，诸将说司马懿畏蜀如虎，司马懿于是出战，大败给诸葛亮：是所谓甲首三千。

诸葛亮战线推进；司马懿从此龟缩不出。等诸葛亮粮尽，张郃大概记着当年王双的事，劝说别追击，司马懿却非要追——于是曹魏的开国元勋、打了半个世纪仗的张郃，被诸葛亮射死在卤城东北的木门道。

这一场，司马懿打得实在不好看。被诸葛亮割了麦子，还被打了个甲首三千；好容易诸葛亮退兵了，司马懿还送了个名将张郃。

六、五丈原

公元231年被诸葛亮如此收拾过一番之后，一向侵略如火、狠辣迅疾的司马懿，忽然转性，变成了后世我们所认识的那个固守专家。

三年后，诸葛亮用流马运粮，在斜谷堆积够了粮草出击了。司马懿玩起了千里请战那套把戏，被诸葛亮送了女装激将，也坚守不出。

诸葛亮的前四伐，第一伐是赵云虚晃、诸葛亮平三郡；第二、三伐是诸葛亮虚晃陈仓粮尽退兵，再陈式取二郡；第四伐是诸葛亮亲自到上邽割了麦子，再卤城大胜，然后粮尽退兵。

说穿了，诸葛亮真正的问题不是司马懿，是粮食。

所以第五伐，又是在斜谷堆积粮草，又是在渭水之畔屯田：粮草的问题算是半解决了。

司马懿大概也很头疼：打是打不过，经常被晃过，人家又就地取粮食，被人家堵在门口还走不出去了！

终于诸葛亮过世了，但司马懿又被晃了一次，这次连《晋书》都不讳言了：

诸葛亮死，司马懿出兵追杀。杨仪反旗鸣鼓，司马懿忽然决定“穷寇莫追”，就眼看着杨仪走了。

——等等，如果穷寇莫追，你干吗追过来?!来专门送行吗??

——显然，就像张郃被王双之死吓怕了似的，司马懿也被张郃之死吓怕了。

——所以当地百姓唱出了真相：这是死诸葛走生仲达。司马懿也只好自嘲笑笑。

诸葛亮逝后，司马懿重新摆起所向无敌、动如电闪的架势。

先前他破孟达，乃是孟达要反，猜司马懿要一个月到；司马懿急行军，八日赶到，出其不意，围住，导致孟达部内乱，解决。

诸葛亮逝世后三年，司马懿破公孙渊。出发前就算好需要一年。具体实施，则声东击西，佯攻围堑，渡过辽水，直取襄平，围点打援，围了襄平，解决。

又十二年后，司马懿发动正始之变夺权，之后又击破王凌：王凌诈称吴人塞涂水，要求发兵征讨，司马懿看穿了一切；于是司马懿九天赶到甘城，王凌解决。

在司马懿漫长的军事生涯里，始终秉持一个快字、一个狠字。迅疾、变诈、声东击西，判断力极其惊人。唯独在公元 231 年和公元 234 年，他变了。“畏蜀如虎”“穷寇不逼”。他征战辽东前，能推算到一年就能收工，可是诸葛亮死，他却自嘲了句：“不便料死”。

那的确是因为：诸葛亮让他猜不透吧？

《三国志》里，陈寿说诸葛亮：

> 然亮才，于治戎为长，奇谋为短，理民之干，优于将略。而所与对敌，或值人杰，加众寡不侔，攻守异体，故虽连年动众，未能有克。

诸葛亮的才华，治戎是长处，奇谋是短处。

但如本文所述，诸葛亮五次北伐，一伐吓得曹魏朝野震怖；二、三伐拿到二郡，回马枪杀了王双；四伐到上邽割麦，进击司马懿打出甲首三千，回马枪杀掉曹魏战历近半个世纪的老将张郃；五伐让素来狠辣的司马懿龟缩不出，而且“死诸葛走生仲达”。

大概可以这么理解：

诸葛亮：“理民和治戎这几门课我都是100分。奇谋嘛就差一点儿了，95分吧。”

陈寿还说，诸葛亮所以未能有克，是因为他的对手“或值人杰，加众寡不侔，攻守异体”。

这是告诉司马懿、曹真、张郃、郭淮们：“您诸位了不起，是人杰，加上您诸位人多，加上您诸位是防守，诸葛亮是进攻，所以他没能攻克。”

这种说话风格其实很陈寿。如果您没咂摸出滋味，来感受下陈寿在《三国志》里对魏文帝曹丕的点评：

> 文帝天资文藻，下笔成章，博闻强识，才艺兼该；若加之旷大之度，励以公平之诚，迈志存道，克广德心，则古之贤主，何远之有哉！

意思是：曹丕文章写得好，有学问，有才艺；如果有大度、够真诚、多讲点儿仁德，离古代的贤君也不远啦！

这就是说话的艺术了。陈寿的真实意思，可以这么理解：曹丕没度量、不真诚、不仁不德。也就是文章写得好，有学问，有才艺而已。

所以，“然亮才，于治戎为长，奇谋为短，理民之干，优于将略。而所与对敌，或值人杰，加众寡不侔，攻守异体，故虽连年动众，未能有克”这句话从头到尾，再咂摸一遍味道。

——诸葛亮专业是治戎理民，奇谋将略就业余爱好，虽然也把您几位晃得够呛，那都不算事；您诸位嘛都是人杰，人又多，又是诸葛亮攻你们守，当然搞不定您诸位啦！这话里，其实充满了深深的骄傲啊。

出尔反尔司马懿与魏晋风度

（上）正始之变

一般说到司马懿正始之变夺权，都会强调他多能忍。《三国演义》还讲了个著名的故事，所谓“诈病赚曹爽”。好像曹家一直防着司马懿；司马懿于是忍耐着忍耐着；等魏国大将军曹爽对他放松警惕了，突然发难，搞定了曹爽。

听上去像个忍辱负重最后奋起的励志故事吗？

然而并不尽然。

正史里，司马懿一直被曹家宠幸。曹丕与曹叡，两代天子都托孤于他。公元 239 年曹叡托孤时，还有著名的“视吾面”之语。当日，曹爽与司马懿一起受了托孤顾命。曹爽与司马懿并无私仇，所以一开始，还对司马懿挺好，礼节上把他当爸爸对待，所谓：“初，爽以宣王年德并高，恒父事之，不敢专行。”

当然，政治斗争嘛，难免要夺权。曹爽于是推尊司马懿为太傅。但曹爽也并未对司马懿加以人身迫害。于是司马懿装病了。按《三国志·魏书·诸夏侯曹传》：

及晏等进用，咸共推戴，说爽以权重不宜委之于人。乃以晏、飏、谧为尚书，晏典选举，轨司隶校尉，胜河南尹，诸事希复由宣王。宣王遂称疾避爽。

这里得说曹爽自己的性格。他是曹真之子，从小跟曹叡玩儿，少年贵胄，出入宫廷，带兵伐过一次蜀汉，失败了。大概他对司马懿这种老兵油子很是忌惮，对自己的军事才能也不太自信。曹爽后来搞了个正始改制，其间涉及用何晏等年轻人掌事。这一招得罪了魏国许多老元勋，导火索就此埋下。

公元 249 年初，曹魏天子曹芳和曹爽兄弟出门了。司马懿发动兵变，占领洛阳。簇拥在司马懿周围的，是高柔、蒋济这些为曹魏做事几十年的老元勋。那时节，司马懿所掌握的，只是洛阳；真正的骨干力量，是儿子司马师私下预备的死士三千。

曹爽的资本，是天子，以及大将军印玺。所以桓范劝他拥着天子召集兵马，讨伐司马懿谋反。

司马懿的政治资本其实并不太多：天子与兵权，都在曹爽手里。司马懿的资本，是开国老元勋们的支持。

曹爽自然也明白这点。司马懿知道曹爽一定也明白这一点。所以直到这一刻，司马懿依然没成功。即，他的隐忍，只能支撑到他起兵而已。

司马懿真正成功的关键是：在司马懿的劝诱之下，曹爽自己放弃了军权。

何以会放弃？因为司马懿不断派朝廷重臣如尹大目、陈泰们，前去说降曹爽，说司马懿指着洛水发誓了，只要曹爽的兵权，不要性命。《晋书·宣帝传》说司马懿“又遣爽所信殿中校尉尹大目谕爽，指洛水为誓，爽意信之”。

甚至当朝太尉蒋济，亲自写书信给曹爽说了：司马懿绝对只要曹爽的兵权，不要性命。曹爽可以不信司马懿，但这老几位说话，曹爽是信的。

尹大目是殿中校尉。陈泰是陈群的儿子。蒋济更是四十年前就跟孙权斗的老人了，现任太尉。蒋济之前的魏国太尉，是贾诩与司马懿。这些人都是曹魏社稷之臣，是司马懿起事的盟友。这些老元勋的态度可以理解为：“司马懿只要你的权力，不要你的命；我们来了，就是作保了；你不听，非要打，就是跟我们打！”

这些老干部赌咒发誓地来为司马懿作保，曹爽可以不相信司马懿，但必须相信这老几位吧？毕竟曹爽一个宫廷贵公子出身的人物，面对这种打起来未必能赢、放弃了一定能得平安的处境，也会选后者吧？

所以司马懿成功的真正关键，不是他多隐忍，而是利用了盟友们的信用做保人，让曹爽相信了“只要兵权，不要性命”。

可是司马懿之后居然出尔反尔，一拿到兵权，转身就把曹爽杀了！

曹爽自然是完全想不到：诸位老元勋万无一失的担保，也可能失效？司马懿居然可以如此狠毒，如此不要脸？

保人们也愣了：司马懿啊司马懿，你这么一闹，把我们当什么？

我们不是盟友吗？！

先是蒋济被司马懿弄蒙了：我堂堂一个太尉，我们老同事了，我豁出老脸给你作保，你就这么打嘴？

——司马懿后来杀曹爽灭门前，蒋济还劝司马懿，说曹爽父亲曹真有大功劳，不能让他灭门绝户啊！司马懿不听。蒋济终于明白自己居然担保了个白眼狼，拒绝封赏，过几个月就气死了。

尹大目经过这事后，就开始私下里反叛司马家了，甚至企图伙同淮南文钦一起造反。

陈泰从中央被调去雍州，代替郭淮，对抗姜维了，后来也被司马家气死了——那是另一件事：正始之变后十一年，司马昭与贾充合谋弑君，杀了魏帝曹髦。陈泰初时不肯去见司马昭。被逼着去了，司马昭问他怎么办，陈泰说：杀贾充。司马昭问可不可以再让步？陈泰说：只有更进一步的，毫无让步可能！——那意思，没追究你司马昭的责任，就算不错了！——陈泰同年去世。

《汉晋春秋》说陈泰是因此事自杀；《魏氏春秋》说陈泰因此事吐血而死。后世都说，司马懿能忍善断，才能得了天下。然而司马家政变的成功关键，不在于能忍，不在于善断，更不在于能装病，而在于能卖盟友，能骗自己人，还能出尔反尔，把自己说过的誓言加上盟友的脸皮一起当烂泥踩。这份狠毒与厚脸皮，完全突破了当时的政治底线，把自己人和对手都震惊了。

所以从公元250年到公元258年的淮南三叛，每次背叛司马家的，都是之前为司马家出力的功臣：之后都死得干干净净。

（下）魏晋风度

现在论及魏晋，多以“风”字为词。风度、风流、风神、风雅，不一而足。大略现代人怀想魏晋，则嵇康的广陵散、阮籍的歧路叹、刘伶的酒、何晏的五石散，很给人一种古代嬉皮士之感。看得人馋了，还忍不住照学：宽袍大袖，饮酒长啸，写诗服散，多帅啊！“越名教而任自然”，多潇洒啊！

然而很多人会遗忘这么个细节：说魏晋风度时，常会补一句当时“政治黑暗”。

这句话，轻忽不得。

魏晋诸位，不是平白无故地发现了老庄的美妙，拨弄起玄学，爱上了清谈。他们的所作所为，是有道理，有因果的。

晋初有篇文章《陈情表》，李密所写，极有名，上过中学语文课本。李密要报祖母抚育之恩，不能去当太子洗马的官儿，文章词句恳切，千古有名。

但这里面，有些别的东西。

李密时年四十来岁，原来是蜀汉旧官。蜀汉灭亡，他作为当时名士，被晋朝请出来做官，辞官不就。李密这封《陈情表》写得恳切，但也聪明：我不出来，不是对新朝廷不满意啊，纯粹是有祖母要照顾！

这么一来，晋朝也没法强征他出来了，不然有违孝道啊。

新旧朝廷交替时节，文化人都无法独善其身。

哪位问了：为什么晋朝要以孝治天下？因为司马家弑君立国，没法说自己忠啊。

且说回魏晋风度。

魏晋时的风流人物与小逸事，因为《世说新语》的缘故，众所周知。比如五石散的祖师爷何晏，面色雪白，曹丕都奇怪他怎么这么白，是否敷了粉？还特意大庭广众请他吃热汤饼，看他是不是出汗，粉会不会掉下来。

然而何晏实是曹操的女婿，小时候就在曹操身边长大。他后来依附大将军曹爽时，一度几乎要掌握魏国人事更迭大权；到司马懿正始之变，夺了政权，连何晏一起收拾了。比如阮籍，天下都知道他早年傲，会说“时无英雄，遂使竖子成名”这类话，会歧路大哭，会做青白眼。然而阮籍的爸爸叫阮瑀，建安七子之一，当过曹操的秘书。世称阮籍为阮步兵，是因为他当过步兵校尉：那会儿步兵校尉为五校尉之一，离中央很近。哪怕阮籍潇洒地远离政治，地位身份依然不低。比如嵇康，众所周知，打铁时不理会钟会，后来又得罪了司马昭，被杀前弹了《广陵散》，所谓“广陵散从此绝矣”。然而他妻子是长乐亭主，算来嵇康还论得上是曹操的孙女婿。

嵇康著名的《与山巨源绝交书》，是写给山涛的。山涛四十岁才出山做官，算是晚了，然而：他的从祖姑是张春华的母亲；张春华则是司马懿的太太，司马师和司马昭的亲妈。所以山涛当官，是司马师直接提的。之后累官一度到过太傅与司徒。所以，魏晋风度的老几位，不是什么民间散仙，而分别是曹操的女婿、曹操的孙女婿、曹操秘书的儿子、司马懿老婆的亲戚……而且人人位高爵显。

这么一听，是不是他们那些狂放潇洒的言行举止，味道就不同了？

比如，如上所述，《陈情表》既是李密的一篇感人的抒情文，也可算是一篇端正的推辞文。

比如，嵇康写过名文《管蔡论》，看着是讨论周朝时的历史真相，其实有暗示司马昭专权的事。这种话，司马昭当然不能任他随便说咯。

所以魏晋时人所谓言谈玄远，绝口不臧否人物，既是种哲学表达，也与局势有关。当时司马氏着实杀了不少名士。所以向秀这类名士，后来都低调地不太说话了。

很多年后，金庸先生写《笑傲江湖》，衡山派刘正风与魔教长老曲洋交好，一起作《笑傲江湖之曲》，所以考虑金盆洗手，退出江湖；然而左冷禅斗争那根弦绷得紧，不让刘正风金盆洗手。刘正风如果是一介平民，反而要好些；可惜了他是衡山派大人物，于是难以独善其身。

所以我们论及魏晋时，真没法说他们老几位多自在。他们大多身处嫌疑之位，摘不清、躲不明，未必想当官可是官都给你备好了，想要不表态却又不可得。

上古政治，就这么残酷，动不动就肉体消灭。许多的不羁和潇洒，说到底，都是被逼出来的呀。

后来晋明帝听王导诉说自己司马氏起家的历史，害羞到埋脸，说得国如此，我们这国祚如何能长久？

是啊，靠不讲信义，发了誓不认，做了担保不遵，跟盟友一起闹事临了把盟友一辈子的信用拿出去卖了，以杀伐为能事的玩意，这种政权，可能长久吗？

何况曹魏没对不起司马懿啊。李世民后来忍不住在《晋书·宣帝传》里评点司马懿："受遗二主，佐命三朝，既承忍死之托，曾无殉生之报。"——两个皇帝向你托孤，三朝老臣，你就这么对待曹魏？

为什么西晋初年会大封同姓二十七王，最后终于闹到八王之乱、社稷倾覆？

为什么阮籍们一辈子都只能写写诗，言则玄远？

最初的祸根，早在高平陵之变，司马懿出尔反尔的瞬间，就埋下了。

岳飞、秦桧、宋高宗

一、靖康耻的背后

靖康之耻，北宋灭亡，徽钦二帝被抢到金国，宋朝各色公主后妃惨遭金人残忍蹂躏，是为中国12世纪最大的惨事，北宋的大耻辱。

然而这件事后，金国内部的暗流涌动，也值得玩味。

金国开国皇帝乃是完颜阿骨打。金国将领在中国民间最有名的，大概是跟韩世忠、岳飞们打来打去的四太子金兀术。

但当时灭宋前后，金国倚重三位大佬：完颜宗望、完颜宗翰、完颜宗磐。

宗望号称菩萨太子，算三人里相对不错的；宗翰性格英武桀骜得多，也残忍得多；宗磐则是金太宗长子，本来有继承权，后来却没成皇帝，只封了太师。

这三位本来并非铁板一块。

《靖康稗史笺证》之四《南征录汇》说了这么个故事：

金国小皇帝某日请被俘虏来的宋钦宗打球。完颜宗望亲自下场玩儿。气氛还不算吓人。完颜宗磐忽然来了，还大声呵斥，钦宗看了就怕。

后来宗望私下里跟宋钦宗商量，打算放他回去，建立个傀儡政权，让宋朝向金国称臣算了。钦宗手下几个人都答应了：能活命总好过当囚徒，先回去再说。

然而宗翰和宗磐不同意这个计划。宗翰去逼问宗望："你干吗偏袒宋朝？"宗磐也帮腔："都元帅完颜斜也，那也是站我们这边的！"

宗望大怒："南征宋朝是我首谋！本来就该我说了算！"

之后三位吵翻了，宗望悻悻而去。宗翰和宗磐就此越发肆无忌惮，肆意凌虐宋朝二位皇帝以及后妃公主。

按照完颜宗望的意思，保留个宋朝皇帝的位置，让宋朝向金国称臣；宗翰和宗磐邪恶得多，他们扶植了张邦昌和刘豫这些傀儡政权：那是分裂中华。既然宗望在这一局中辩输了，宗翰和宗磐虐待起两个皇帝来，自然格外恶毒。宗翰后来做了件大恶事：当众折磨两个皇帝取乐，看宋朝随来的李若水阻止，就割了李若水舌头，挖目断手——这段史实太惨烈，小说《说岳全传》里也提到过。

当然，多行不义必自毙。十年后，宋徽宗过世；又一年后，宗翰政治斗争失败，抑郁而死，后代被金海陵王完颜亮灭门。又三年后，宗磐被金熙宗诛杀。宋钦宗又多活了十七年。比他俩活得都久。

中古的政治斗争，从来就这么血腥荒诞又离奇。

而靖康之耻，倒霉的也非只北宋朝廷。当日被金国俘虏者命运惨烈，所谓"华人男女，驱而北者，无虑十余万"。而其中死者则："杀人如割麻，臭闻数百里。"岳飞后来收复建康时，多见死者手足不全。

在人类历史的绝大多数时间，战争公约之类出现之前，亡国的士大夫或汉奸或许受点儿礼遇，背后可是千万生灵成了奴隶。因为亡国之后，平民的命就完全仰人鼻息，只看对方打算怎么处置了。

金人是游牧民族。游牧民族掠夺农耕民族的劳动成果与人力，乃是历史上屡见不鲜的故事。所以在中古，维持一个中原政权，保证农耕民族百姓的安居乐业、不受游牧民族劫掠，是古来贤相名将的心愿。

所谓岳飞精忠报国，除了保宋朝天子，也为了救护黎庶。毕竟在中古，覆巢之下无完卵啊。

二、秦桧

秦桧是千古奸臣，以“莫须有”坑害岳飞，卖国求盟。这些事实，自已不必论。

后世偶或有人为秦桧辩白，多会念叨岳飞过于耿直、宋高宗立心要杀岳飞云云，说秦桧无非为虎作伥，为宋高宗当了杀人刀，却是小看了这奸贼。

秦桧是为了求和而杀岳飞，高宗却是为了收军权而求和，狼狈为奸，互相利用而已。故此高宗之恶，并不抵消秦桧之恶：两个都不是好人。

且秦桧之恶，不止于此。

秦桧害死了岳飞，搞定与进过的和议，加了太师，从此越发无耻。

之前，他将赵鼎贬潮州，王庶贬道州，胡铨再贬新州。到此又加了一重锁：遇大赦，这几位也不许回来。

福建浙江发了水灾，右武大夫白锷说了句“燮理乖谬”，被刺配万安军。太学生张伯麟写了句：“夫差，尔忘越王杀而父乎？”讽刺宋高宗与秦桧忘本，也被刺配。甚至刺配了，秦桧还是能迫害：他派人每个月去看赵鼎在流放地怎么样，是不是快死了。赵鼎于是绝食而死。可怕的是，赵鼎门生故吏听说他死的，只要叹气了，也要被秦桧加罪。

本来南宋之前，唱戏的是有资格说点笑话的。但《贯耳录》提了一个故事：有个优伶说玩笑话，说宋高宗赵构戴的帽子，后脑上的环叫二圣环，所以“二圣环只放在脑后”，嘲讽赵构不管父亲和大哥两位皇帝的死活，秦桧立时把这个优伶给杀了。

而后，秦桧又禁止民间自撰野史，有做野史者便遭告发：总而言之，秦桧是个地地道道的流氓。《续资治通鉴》里说他死时，还上了遗表：“愿陛下益固邻国之欢盟，深思宗社之大计，谨国是之摇动，杜邪党之窥觎。”所谓“固邻国之欢盟”，这词耳熟么？这是南宋版的“结与国之欢心”啊。

三、岳飞的性格

近代以来，颇有些人会如此念叨：岳飞死了，是他太直了，不够会做人。

然而并非如此。

早年岳飞跟随宗泽时，宗泽要教岳飞阵法。岳飞其实喜欢野战，于是说了那句名言，“阵而后战，兵法之常；运用之妙，存乎一心”。

他想说的是后半句，但前半句给老领导面子。宗泽也点头——宗泽大概不会觉得岳飞不会做人。

张用在江西为寇时，岳飞写信劝降。第一句“吾与汝同里”，咱俩同乡。之后就吹自己的战绩。末了说“今吾在此，欲战则出，不战则降”。不卑不亢地劝降，又给了对方面子。张用一句“果吾父也”降了——张用大概不会觉得岳飞不会做人。

岳飞带兵平了襄汉后，立刻向朝廷请辞制置使，让其他重臣经营荆襄。他如此懂得避嫌，当朝宰相赵鼎对此大为赞赏：他大概不会觉得岳飞不会做人。

洞庭湖的黄佐投降了岳飞，岳飞表授他武义大夫，独自到黄佐那里，摸人家背夸人家，许诺黄佐立功可以封侯，又试探性地问，让你回去洞庭湖做内应，如何？黄佐感泣，誓以死报——黄佐大概不会觉得岳飞不会做人。

为岳飞奋勇作战，在小商河战死的杨再兴，先前做盗寇时，曾经杀了岳飞的弟弟岳翻。他投降之日，岳飞毫不记仇，告诉他别念旧恶，要以杀敌立功为第一。杨再兴感念岳飞大恩，舍生忘死，为国捐躯——他大概不会觉得，岳飞不会做人。

宋高宗赵构要削兵权，第一个预备对付的是韩世忠。岳飞帮衬了韩世忠，让他来得及进宫哭诉，举起只剩四个手指的手来，让赵构念及他的大功，心软了。所以韩世忠绝不会认为岳飞不会做人。岳飞被捕，韩世忠按捺不住，冲到秦桧府里怒吼：“莫须有三字何以服天下？！”

话说，宋高宗赵构自己，真觉得岳飞不会做人么？

岳飞年少爱喝酒，赵构让他别多喝，岳飞便从此戒酒。

与曹成作战时，岳飞特意叮嘱张宪，“诛其酋，抚其众，慎勿枉杀，累主上保民之仁”——不要乱杀，要成全陛下的仁德。他是处处给赵构留面子。

刘豫兵马要打来，中兴四将另外二位刘光世和张俊想撤。岳飞当时眼睛有病，但一听到宋高宗宣召，立刻带病赶来。他来时，刘豫的兵已经撤了。赵构却很满意，亲口对赵鼎说：“刘麟败北不足喜，诸将知尊朝廷为可喜。”他也是知道，岳飞给足自己面子了的。

岳家军冻死不拆屋，饿死不掳掠。军纪严明，几乎千古无二。四太子南下时，河北人都不肯听他的，人民天天盼望岳家军来。天下人都不会说岳飞不会做人。

有人说，岳飞曾经劝赵构立太子，是不妥当的。然而，岳飞当时做这事，是出于忠心；他是悄然上奏的，给赵构留足了面子。之后赵构立了太子，岳飞见过后，立刻大喜，说中兴基业有望。处理得极为精妙。

张浚描述说，岳飞做人做事的风格是“避宠荣”：他是懂得避嫌的，不断推让各色封赏，并不让自己处于嫌疑之地。

当世唯一有资格说岳飞不会做人的，大概只有他儿子岳云：因为岳飞严格要求，导致岳云多少次舍生忘死立下战功，爸爸却不给他报功。

如上所述，秦桧后来做宰相二十年后，厚颜无耻，坑害忠良，连陆游科举时比他孙子考得好，都要特意打压下去。这么一个流氓至极的混蛋，捉了岳飞来，拷问了两个月，却毫无证据。于是“莫须有”。

究竟什么样的人，会觉得岳飞这种堂堂正正又聪明善于处事的家伙，不会做人呢？

也只能是秦桧、万俟卨和宋高宗，这几个小人了。

四、宋高宗赵构

欲知岳飞之死因，不可不提宋高宗赵构。

当日北宋未灭时，皇帝兼大哥宋钦宗，要赵构去当河北兵马大元帅，好勤王救急。结果金兵破汴梁，靖康之耻。赵构自己在河北开大元帅府，夏天在商丘，自己做皇帝了。

建立南宋时，李纲建议赵构定都长安或定都洛阳——那还是有规复中原、拯救百姓之心的。最南，那也就是定都南京了，不能再往南了。一个朝廷的宗庙社稷所在地，除了地缘政治因素，也是一种姿态：对百姓而言，定都靠北一点儿，多少可以保证百姓可以继续安心农耕。

结果赵构一溜烟去了临安。意思很明白：江淮以北的汉人百姓啊，朕不管你们了，你们自求多福吧。后来金兵再度南下，赵构不通知百官与宰相，自己一路从扬州逃到镇江逃到杭州，一度逃到海上：真是能跑！

这一辈子，赵构都在试图跟金国请和。父亲、兄长、姐妹、天下、百官、社稷、体面，赵构是都可以不要，都可以抛弃的。所谓“窜身而不耻，屈膝而无惭，不可谓有生人气也”。

如此一个没有血气的利己主义皇帝，又遇到了秦桧这么个酷爱搞封杀的权奸流氓宰相，自然一拍即合。

当日中兴四将之一刘光世自请解兵符。张浚认为可以将其军队五万人移交给岳飞。赵构亲自下御札，让刘光世麾下王德等听岳飞节制。而且说岳飞就基本代表自己。

> 朕惟兵家之事，势合则雄。卿等久各宣劳，朕所眷倚。今委岳飞尽护卿等，盖将雪国家之耻，拯海内之穷。天意昭然，时不可失。所宜同心协力，勉赴功名。行赏答勋，当从优厚。听飞号令，如朕亲行。倘违斯言，邦有常宪。(《金佗稡编》)。

但之后，赵构变卦，答应的军权又不给了。岳飞觐见，赵构说要留这支部队保护都城，岳飞无言而退。岳飞回去自请解军职，留在庐山，给母亲守丧。赵构很不高兴，跟陈公辅诉苦。陈公辅给皇帝面子，就说："然飞本粗人，凡事终少委曲。"

这件事是非很是明白：赵构自己的主意，又临时变卦；还嫌岳飞不高兴了，是给自己脸子看。在赵构心目中，自己再怎么撒泼打滚翻脸不认人都可以，岳飞却必须随意听他使唤：稍有不满了，还要找人诉苦。

依其做派，可知宋高宗赵构实在极缺安全感。他自己在政治斗争上也不算聪明，先被汪、黄奸臣蛊惑，然后被秦桧控制，还将赵鼎与张浚几位贤相赶走，更不用提早年忠心刚正的李纲。所以说赵构是个昏君，想必争议不大。

所以才有所谓三大将解兵权事件。

话说当日，刘光世已经解了兵符，赵构再召集韩世忠、张俊与岳飞，让他们交出兵权，在朝为官。三人并无异议，三个宣抚司取消。韩世忠和岳飞都故作闲适，并无怨言。而且岳飞“固请还兵权”，摆出主动要求还兵权的姿态。

但秦桧和赵构又来玩阴谋了。

《三朝北盟会编》卷二〇六，《张俊、岳飞往淮东抚定韩世忠之兵》记：张俊和岳飞一起去检阅韩世忠军队。张俊跟秦桧沆瀣一气，心领神会，提议说：把韩世忠的背嵬军拆散混编，如此好彻底摧毁韩世忠嫡系。岳飞则反对这么做。如此一来，岳飞不肯落井下石，不肯给秦桧和赵构当狗去咬韩世忠，赵构与秦桧自然越加看他不爽了。

按说，韩世忠不仅与岳飞一样有大功于社稷，还救驾有功，救了赵构的命，是赵构痛哭流涕携手感谢过的人。结果赵构居然要坑害他，实在凉薄；还亏韩世忠得了岳飞的提醒，进宫举着自己为赵构而断了手指的手哭叫，然后归隐，才得保性命。赵构之无情，大略如此。

此后岳飞与张俊回到杭州，张俊又被派去镇江了，与此同时，岳飞遭到万俟卨的弹劾，于是岳飞辞职，回了庐山。再便是王俊去向王贵告发，说岳飞部将张宪要反；还说是岳飞写信唆使的，信呢？烧了。没凭没据的事，明显是诬告。

所以了：赵构想解兵权，顺便议和；秦桧想议和，顺便专权。

岳飞唯一的过错，大概是本身实力太强，又没有下作到昏君奸臣让他干啥就干啥。在昏君奸臣眼里，他不够恭顺，没有像张俊那样“我是天子一条狗，天子让我咬谁我就咬谁”，那就得收拾掉了。

五、为人

中国古来，总有一派念头：号召大家学厚黑，学阴谋；好人不做，教人做佞臣，做奴才。似乎学会做奴才，才算是会做人。所谓“与恶人居，如入鲍鱼之肆，久而不闻其臭，亦与之化矣”。

被昏君冤杀后，却有人认为岳飞这等统率十万军、名闻天下、智勇足备、千古称之的人物不会做人，殊不知会这么想的人，是自己去学秦桧视角了。

同样读历史，有人学会怎么做人，有人学会怎么做奸臣。后者也许是迫于生计，有自己的不易，可以理解。遇到昏君奸臣，要留一条命，也的确容易做许多违心之举。

但若以善做奴才自豪，处处要求刚直不阿的人学做奴才，就不太好了——那么多人好学，干吗学秦桧呢？

古代的罪名

康熙七年，康熙皇帝派一群少年假做摔跤，扑倒鳌拜；这其中是否借了韦小宝韦爵爷之力，我们不清楚；妙在鳌拜刚倒，朝廷立刻整理出鳌拜三十条大罪来。大到任用奸党，小到勒令他人迁坟，事无巨细，都在一起了。前一天还功高权重威风八面的鳌中堂，一眨眼就罪名弥天，够得上诛灭全族了。

好玩的是，抓了鳌拜之后，康熙皇帝先宣布鳌拜三十条罪状，廷议当斩，又念鳌拜历事三朝，效力有年，不忍加诛，仅命革职，籍没拘禁，党羽都对付掉。

不久鳌拜死于禁所，其子纳穆福之后被释放了。

又过了四十多年，康熙因为鳌拜的功绩，将他平反，追赠一等男。雍正帝复赐一等公，世袭罔替，赐号超武。

由此可见，鳌拜也没有十恶不赦的大罪嘛。

妙在鳌拜倒了之后，同为托孤大臣的遏必隆也被康熙先收拾了一把，又放了，到遏必隆临终，康熙还去他府邸慰问呢。

雍正二年，年羹尧平定青海回朝，雍正皇帝亲迎，升他做一等公，荣宠一时无人可比。一年后，年羹尧开始犯罪了：先是将成语“朝乾夕惕”写错了，雍正说他仗恃功劳，显露不敬。咱哪怕高考语文考试写个错别字，顶了天扣两分，搁年羹尧这儿就得革职。年羹尧封完一等公不到一年，雍正朝臣，硬生生给他整理出九十二款大罪。

话说年羹尧也真了得：一年时间啊，争分夺秒，平均每四天就能犯一款大罪，这得有多勤劳，才如此无恶不作呢？

在中国古代，定罪名是个大学问。

嘉靖年间，徐阶主持之下，终于扳倒了大奸臣严嵩与严世蕃父子。严世蕃虽是传说里一年能跟女人乱来九百次的猛男、收藏《清明上河图》的花花公子，但毕竟不是草包：平日廷议奏对，心计极工，在狱中，他也能死中求活。严世蕃放出风声去，说：“别的事情咱不怕，但如给我安罪名，说我害死沈炼与杨继盛二人，我父子那就糟糕了。”

三法司正愁没合适的罪名呢，听了这话，妙哉，自己招了，就定这罪名吧！

可是徐阶何等人物？当初为了讨好严嵩，可是把孙女儿许配给严世蕃之子的，对亲家的手段知根知底。先前严嵩还全家人跪拜过徐阶求他放过，徐阶并不因此心软。他看了审案卷宗，明白了：“这道奏章一上去，严公子就无罪释放了。”

三法司恍然大悟，立刻改了罪名，另找个理由，把严世蕃杀了。徐阶听说严世蕃死了，连带自己的孙女，即严世蕃的儿媳，也一起殉了，“輾然頷之”，开怀点头。

一时没有罪名可定时，也是有办法的。当日刘邦定了天下，韩信封了楚王。楚国旧将、他的朋友钟离昧逃亡到他那里，于是就自然有人去告诉刘邦：韩信反啦！刘邦就用陈平计策，来游云梦了。韩信逼钟离昧自尽，拿了首级，去跟刘邦自证清白，被刘邦当即捉了，绑在自家车上。《史记》里，韩信跟刘邦对白如下：

韩信："是啊！天下已定！我就该被油锅烹了！"这是说气话。

刘邦："你别作声！！你造反的事儿很明显了！"——"若毋声！而反，明矣！"

刘邦这句"你别作声"，特别鲜活。可以想象他当时多紧张了：是啊，韩信真正的罪名，是兔死狗烹啊。

有时候呢，人还得给自己找个罪名。

林冲雪夜上梁山，不巧遇到王伦。读书人做山大王，肠子都比好汉们多些弯。口口声声，"不知心腹"。只好请林冲去随意取个人头，纳个投名状来，那时才来拜兄弟、谈交情、亲密无间、赴汤蹈火。为什么呢？因为林冲杀过人了，有罪名了。大家都不干净，这才能让人信赖。

《史记》里，秦始皇帝给王翦老头儿六十万倾国之军，出征伐楚时，王翦便聪明，向始皇帝一而再、再而三地索要田产。因为老军人知道，大王以倾国之兵授予我，如果我清高自许，只会招致疑忌。显得我贪财，大王才相信我。这叫自污。

中国历史上第一位了不起的公务员，是汉朝开国宰相萧何。他老人家本来是沛县优秀干部。每年考评他都是县里顶尖，曾有御史想让他进中央，他很谨慎，不去，当个地方公务员挺好的。

后来天下大乱，他和沛县的典狱长曹参打商量。他很谨慎，明明自己在当地声望高，还是请来当时已成逃犯的刘邦当了老大，自己继续给刘邦当公务员。

萧何的工作业绩，那是不用提的：刘邦进了咸阳，别人都去享受了，萧何忙着收集账册法规，好继续办事工作。后来楚汉相争，萧何在后方负责给刘邦搞定一切后勤。但他一直活到最后，可不单靠工作业绩。

萧何在后方运作时，很谨慎：考虑到自己可能功高震主，赶紧把亲戚全都派去前线。

到开国了，他给刘邦修建极宏大的宫殿。刘邦当然要谦虚：怎么这么奢华呢？萧何就说：您富有四海，奢华点儿也对。

刘邦出征了，萧何赶紧把自己的存款都捐给军队。还怕不够，就特意强买田地，显得他比较在乎钱，只想当个公务员。

刘邦到底找了把柄，把萧何关起来了。还好有人说情：萧何当年那么高的权位，不想闹事，现在太平年间，反而要闹事了？刘邦那张城墙厚的老脸皮，听了都不好意思了。

直到萧何死时，还是谨慎低调，从来不装修房子，不买好地盘：我的子孙啊，如果有出息，就学我的节俭；没出息，我买的这破落田庄，也没人会来夺。

太史公在《史记》里总结萧何的辉煌，曰：

萧相国何于秦时为刀笔吏，录录未有奇节。及汉兴，依日月之末光，何谨守管籥，因民之疾秦法，顺流与之更始。淮阴、黥布等皆以诛灭，而何之勋烂焉。位冠群臣，声施后世，与闳夭、散宜生等争烈矣。

关键词是：谨，因，顺流。

谨慎，善于跟随时势，顺流而行。

听着很无趣，但衙门里办事的，想活得久，真就得这样啊！

记一位文笔优美的好战分子

一个人的文笔，可以好成什么样呢？

二十六岁的张佩纶在清朝同治九年中举，一年后中进士，下笔千言，慷慨好论天下事，文笔见识，都是好生厉害。那时节，他是清流党的主将，年少气盛，虽然常在京城，但四海八荒，哪里的事，他都能谈论一下子。急公好义，好谈军事，很是了得。

1880 年，法国开始侵占安南；三年后，清朝派军队入安南，虽不与法国人交战，却想捍卫自己宗主国的地位。

李鸿章当时正组织中国海军建设和海防计划，懂点儿国际法，跟朝廷说了：

——中国无权干涉法国与安南的协议。

——中国无力把法军赶出安南。

——道理与实力都不太占优，还是谈判为妙，不然就是为了个越南，直接与法国开战啦。

张佩纶刚直，当然看不下李鸿章如此畏缩。虽然他没去过法国，没去过安南，但读圣贤书所为何事？张佩纶觉得，法国已是强弩之末，就该给点儿颜色看看！

张佩纶文笔超卓，言辞便给。他与清流们认定战争的胜负，主要不靠兵器，而靠勇气与美德。在他看来，李鸿章显然既无勇气，又无美德，于是，“法国奸计妇孺皆知，唯李中堂一无所知”，所以咯，“李中堂为法人所愚弄，朝堂又为李中堂所愚弄”。

张佩纶认定李鸿章是秦桧之流奸臣，这话威力可不小：须知张佩纶的弹劾功力极高，弹劾下去许多位大臣了；骂个李鸿章，小菜一碟。

李鸿章那边，到1884年基本有了个框架。按徐中约先生《中国近代史》说法，当时大致谈的是：中国军队撤出越南，法国人自己与越南签订合约，法国允诺不侵犯中国，不要求赔款，而且绝不使用有损中国威望的字眼。

虽然这谈判对清朝而言很是窝囊，多少也算是个不动兵的解决之法。

但张佩纶不接受这结果：清流们前后四十七封奏疏，大骂李鸿章卖国。

于是，本来未必打得起来的中法战争，开打了。

于是，张佩纶被派到福建，会办福建海防。《清史稿》所谓“令以三品卿衔会办福建海疆事”。

文笔精美、慷慨激昂的张佩纶到了前线，云集自家十一艘战舰扎堆；据说船长们跟他进谏，这样扎堆不太好，张佩纶不高兴了：一帮兵油子，欺负我不懂行是吧？——就把船长们训跑了。

法国人下了战书，大家又请张佩纶准备交战，据说张佩纶又生气了：一帮兵油子，吓唬我要打仗了？——又把大家训跑了。

终于法国舰队升火过来了，张佩纶一看不对劲，忙派学生魏瀚前去，请法国人等一等：我们没准备好呢！

——法国人大概想，我们战书都下了，等个屁，开炮！

一小时内，十一艘清朝军舰全溃，法国人帮清朝建造的马尾船厂，被法国人自己摧毁了。

张佩纶呢？

他在鼓山上，一看情势不对，撒腿就跑；跑去当地人家求收留；一种说法是，当地人不理他：你谁呀？张佩纶急了："我是会办大臣！"——我很怀疑，当地人可能听不懂这个职称，总之：不收不收！

张佩纶无法，只好饿着肚子，一路逃到彭田乡。

接下来，才是张佩纶一生最有趣的瞬间。

安顿下来了，手边有了纸笔，张佩纶当然得发挥他的才华。身为主战派和前线督军，全军大溃，怎么办呢？写封奏章吧。妙在张佩纶文笔实在太好，奏章写得花团锦簇，朝廷一看奏章，好，看来是赢了！赶紧开国帑，发犒劳，还下令以后，张佩纶负责船政！

——船都被轰沉了，兼什么船政呢？

又过了几天，朝廷从别的渠道听说了真相，气坏了。福建本地人民也不高兴。总之这事一追查，张佩纶倒了霉，戍边去吧。

当时有人说：张佩纶身为好战分子，没事骂李鸿章；真领兵打仗，弃阵而逃——这真是个纸上谈兵的马谡啊！

四年后，张佩纶回京，意外得了好运：李鸿章不计旧嫌，欣赏他的才华，拉他当了自己的幕僚，还把时年二十二岁的女儿嫁给了四十岁的张佩纶。当然，张佩纶自己的仕途，从此是没啥可说的了。

据说袁世凯曾夸，"天下翰林真能通的，我眼里只有三个半，张幼樵、徐菊人、杨莲府，算三个全人，张季直算半个"。张幼樵就是张佩纶了。

按说张佩纶着实有才华、很正直，应该也很爱国，忠于大清朝。

但终究文章翰林与现代战争，那是两回事啊。

最后一个故事。

李鸿章嫁给张佩纶的女儿，叫作李菊耦；李菊耦后来生了个儿子张志沂，张志沂有个女儿，叫作张爱玲——嗯，就是我们熟知的那位张爱玲。

辑三

生前身后名

逸事与主角

当年春晚，赵丽蓉老师有个老梗，尽人皆知，曰："司马光砸缸！"

仔细想想，还真是：现在说及司马光，大家先想到的，是他老人家砸缸。

然而司马光后来所做的，知道的人似乎还少些——他老人家编撰《资治通鉴》，为变法问题与王安石大战朝堂，好像没什么人提呢？

同理，达·芬奇真画过的画，大众可能知道的若干幅，是《蒙娜丽莎》《最后的晚餐》，最多就到《岩间圣母》。

但他画鸡蛋的传说，倒是尽人皆知的。

苏东坡的诗词文章，大家未必还背得出几首；东坡肉倒是人人都知道。同理，在民间，屈原与粽子，怕倒比他那些作品还有名。

孔融让梨天下皆知，但让个梨而已，有那么值得歌颂吗？——孔融有名，是因为他乃建安七子之首，一个时代的大文人啊！

本来，这些都属名人逸事，大多是事以人传。如《世说新语》即是，记载了魏晋诸位士大夫的潇洒言论。但人家自己是了不起的人物，因此言论才有名。

假设，司马光若无《资治通鉴》傍身，则一个破缸小儿的聪明，怕也不难找吧？恰因为他是司马温公，这段子才显趣味盎然。

如苏轼爱吃的东坡肉，如屈原与粽子的传说，本来是名人逸事，当作骥尾的；到后来名人正经事儿反而佚散，段子却留下了。

奇怪吗？却也不奇怪。

中国自古及今，老百姓都很喜欢秉持一种，姑且叫“八卦思维”吧。

古代百姓绝大多数的历史教育，都打戏曲评书里来。而编民间故事的艺人，第一得讲大人物，这样大伙儿才爱听；但艺人毕竟没亲自经历过政治朝政，所以民间评话故事，总爱把朝廷大事，想象成日常家居生活。皇帝啦，奸妃啦，奸臣啦，不一而足。

人民又爱把包拯、刘墉、寇准、狄仁杰这些名政治家，一律想象成名侦探柯南加强版，断案如神，每天除了判冤狱、审悬案，基本啥都不干。历史上的名智士，那一定跟算命先生似的：管你是诸葛亮、徐茂功、刘伯温，一定是能掐会算，翻云覆雨，撒豆成兵。

这种思维，至今犹有遗风。

梁思成先生著述等身，但如今坊间传闻多的，主要是他太太林徽因的爱情传奇；周邦彦的词能诵者不多，恐怕最有名的就是传言他偷听李师师和宋徽宗那段对话；江南民间传说里，徐文长是个有名人物。大概其经历类似于浙江版“聪明的阿凡提”，众人传诵他老人家如何刁钻古怪多智。提起徐文长本名徐渭，以及他自己的诗画，知者反而少了。

许多时候，我们只在意了末节，而没在意主角。

说一位作品出色，以至于我们经常忽略其事迹的先生。

——十八岁，乡试第一名，二十岁贡士，入京殿试，写“御试策”，提出改革方案，皇帝定为状元。二十岁就靠真才实学，中全国状元了。

——异族入侵时，他是个州官，散尽家财，组织义军三万对决，战至只剩六人。

——被朝廷宣召为右丞相，当面怒斥敌军主帅。被擒，越狱脱身。

——与流亡朝廷会合，都督军马，建立制度，继续组织抵抗异族入侵。

——率军转战江西，收复十四个县。

——辗转游击战四年，终于寡不敌众，服毒未死，被擒。

——被擒之后，仍不投降。即便异族皇帝直接封他为宰相，他还是在持续地对抗，并开始写诗言志，直到被处刑，不屈死去。

这人便是文天祥。

“人生自古谁无死，留取丹心照汗青”并不算多雅驯的诗句，但因为出自他这个全国状元、少年宰相、老游击队长之手，他也的确用生命践行了此诗，所以才有味道。

就像砸缸之事，因为是司马光做的，才显得有趣。

如上所述，这些逸事本该是名人的花边而已。然而因为逸事总比正史好记，故此不免喧宾夺主，才会有人只以为文天祥是个写诗狂魔、司马光徒然知道砸缸、达·芬奇只会画鸡蛋（这段子还是编的）、苏轼只会做肉、唐伯虎只会点秋香。

自然了，人民需要段子，需要茶余饭后的话作料。但如果连教育（大多数人知道孔融让梨、司马光砸缸，应该是小学课本吧？）都只在意段子的话，就着实将历史真实一笔抹杀了。中华历史浩荡璀璨，若最后只剩下些茶余饭后话作料，真是可惜至极。

《杨家将演义》插图

潇洒的人，并不总能被理解

李白号为谪仙，那是仙人下凡，风流绝胜，害人家老实人杜甫，一辈子都追着他跑。然而李白也有人间偶像，所谓“齐有倜傥生，鲁连特高妙”。

鲁连者，鲁仲连，战国时候一个齐国风流人物。

他做过两件事，两件都不太挨着。

当日秦赵传奇的长平之战，秦国坑了赵国四十万人，围了赵都邯郸。赵国四处请救兵，还引发了许多成语：毛遂自荐啦，窃符救赵啦，都出在这时。

然而这中间，有人舍命抗秦，有人扯后腿。

魏国这时，不太想跟秦国开战。魏王派了些军队，远远地看热闹，并不去救赵国；又派了个叫新垣衍的，去跟赵王说了：秦国之前和齐国互相戴高帽，号称东帝与西帝；如今秦国一定是想称帝了，赵国只要奉秦昭王做帝，秦国一高兴，就撤了嘛！

——那意思：魏王啊，您让赵王去跟秦国服个软，算啦！

鲁仲连他老人家，这时恰好晃荡到赵国地界，于是通过赵国公子平原君，去跟新垣衍扯皮。新垣衍都奇怪了：围在邯郸城里的人，都是有求于平原君的，看你也不像个求人的，干吗还在这里待着，不逃命呢？

鲁仲连就说：

——秦国这国家，不讲礼义，靠权谋驱动老百姓。他们要称帝，我就只好跳东海死去了。就因为不想当秦国臣民，我才来说道说道。

——以前纣王是天子，就可以对周文王和其他诸侯施以暴虐，诸侯只好低声下气。现在看秦国赢了两场仗，大家就尊奉他了；回头秦国一生气，对各国发号施令，各国听不听啊？回头秦王高兴了，要把魏王砍成肉酱，魏王干不干啊？

这一串话行云流水，新垣衍听傻了：是啊，一旦朝秦王低了头，以后魏国就得长期认㞞，人为刀俎我为鱼肉了。算了算了，再也不提奉秦国为帝的事。

之后，经过诸国努力，秦国撤了，赵国保全了。平原君要送鲁仲连千金，鲁仲连很帅气地说：天下之士，为人排忧解难，分文不取。我拿你的钱，就成了商贾啦。不要不要。

起身就走，一辈子都没再见平原君：施恩于人却不想落人情，就这么敞亮。

另一件事。

燕国有将领攻下聊城。然后：齐国人围了聊城，燕国又疑心城中将领的忠诚。燕将两边不讨好，很是为难。

鲁仲连又来了，一支箭射了封书信进城。又一番引经据典，一会儿举管仲的例子，一会儿举曹沫的例子。总之就跟燕将说：

——您别感情用事啊，要理智。

燕将看了书信，哭了三天。想想算了，自杀吧。他一死，问题反而解决了。齐国兵不血刃，得了聊城。齐国上头想：鲁仲连一封书信就免了兵灾，帮了大忙，好，要封赏鲁仲连，鲁仲连又逃走了："我与其因为富贵，得向人低声下气，还不如贫贱着，可以随心所欲呢。"

后来《资治通鉴》里提到，魏国的魏安釐王问子顺："天下高士有谁啊？"

子顺说："世上没这等人。非要找差不多算是天下高士的，那就鲁仲连吧。"

接下来，有段绝妙的对话，大概意思如下。

魏安釐王不以为然地说："鲁仲连那么潇洒，都是强行造作，装出来的，他就是在装嘛！一点儿都不自然！"

子顺说了："每个人都多少会装酷耍帅啊。但如果您能一直摆着那范儿，一直不垮，就不算装，就是真君子了；一直摆酷，就习惯成自然，就是真酷，那就不是装的了嘛！"

子顺就差直说了："就算人是装酷，能装一辈子，就是真酷！"

本来事到这里也就完了，但我得补个背景：这位魏安釐王是谁呢？

赵国被围时，派新垣衍去奉秦国为帝，最后被鲁仲连给说服气的，就是这位魏王。

让大将晋鄙带救兵观望的，就是这位魏王。

这位魏王的兄弟信陵君做了名垂青史的勾当：窃符救赵，杀晋鄙，抗击秦国，解邯郸之围，获得了赵国热爱，可是此后留赵十年不敢回魏国来，怕被追究责任，因为当家的，就是这位魏王。

后来魏国被秦国围攻，情势危急，信陵君带五国联军回来救魏国时，当家的，还是这位魏王。

信陵君保全了魏国后，满脑子琢磨信陵君要自立为王、逼得信陵君醇酒妇人而死的，也是这位魏王。

整体作为而言，魏安釐王是魏国一代名王；但他老人家许多做派，说明他还是个利益至上的政治家。所以这个魏王会不理解鲁仲连，觉得他装，也很容易理解了：

自己是个朝堂之上的王，于是从他的视角看来，鲁仲连这种潇洒的海上游侠，不计较功名利禄，“都是装出来的！”

庄子所谓“夏虫不可语冰”，就是这意思。

陈胜们很绚烂，却经常是赢家们的炮灰

“王侯将相，宁有种乎！”

这话大大有名。然而吼出这句话六个月后，陈胜就死去了。跟他一起搞“大楚兴，陈胜王”的吴广，比他还早死几个月。

当然啦，星星之火可以燎原，他二位是首义之人，司马迁也没忘记，《史记》里给陈胜留了个“世家”的位置。

他俩死去那年，英姿焕发的项羽二十四岁，泗水亭长刘邦四十八岁。又一年多后，秦国灭亡：当时众所周知，以楚军将领的名义，楚上将军项羽击溃了秦军主力，楚将刘邦先入咸阳。之后，就是漫长的楚汉内战，又四年多后，项羽自尽，刘邦得了天下：这个五十四岁的老狐狸啊。

首义者陈胜吴广呢？已成历史尘埃了。

又两百年后，刘邦传给子孙的帝国要被王莽篡夺，于是刘崇、翟义、刘快们纷纷举旗闹事。之后，刘玄登基称更始帝，杀了手下部将刘秀的哥哥；刘秀人在屋檐下，没法不低头，不敢给哥哥服丧，还得装作饮食言笑如常，如此憋着，慢慢在河北壮大了势力，称帝，建立东汉，把天下给平了——那会儿，刘崇、翟义和刘快这些首义之人，早就灰飞烟灭了。

隋炀帝曾经征发大军一百一十三万征讨辽东，未遂；后来再伐时，朝内高干子弟杨玄感——他爸爸是杨素，也就是家里养了红拂女跟李靖跑了的那位——不干了，起兵造反，被隋朝扑灭；但这一闹，隋朝乱了。关东盗匪纷纷起来闹事，评书迷熟悉的瓦岗寨啊，窦建德啊，以及什么孟海公啊，薛举啊，王世充啊，都起来了。

终于隋炀帝南奔江都，死在了那儿，隋朝覆灭；如我们所知，唐朝应天顺人，得了天下。

那时候，首先发难的杨玄感、瓦岗寨首先起事的翟让等大佬，也早被人忘差不多了。

众所周知，明朝乃是由明教教主张无忌哦不对朱元璋建立的，但朱元璋原先，是郭子兴的女婿；而元末初起事者中最有影响的，是徐寿辉和韩山童。韩山童的儿子韩林儿，《倚天屠龙记》的读者大概记得。历史上，韩林儿作为首义豪杰的儿子，死法很微妙：朱元璋依然奉他为皇帝，只是派廖永忠接他渡长江时，沉船了！真是好巧啊！

您大概明白了：首义的诸位，大多不得好死；得天下的诸位，经常是后发制人。

而且，后发制人，得很有讲究。

西汉开国的汉高祖刘邦出了名的能忍，鸿门宴时，伏低做小不提，起兵去闹项羽时，还定三秦，先定西北关中作为基础。

东汉开国的光武帝刘秀也能忍：亲哥哥死了都可以言笑自若，一直俯首称臣，躲在河北，把气力养足了才动手。

明朝开国的朱元璋的根据地在东南，是先把陈友谅和张士诚这两位重要的内战敌人给搞定了，才北伐去打的元朝。

中国古代的地理，是有讲究的：四个角，容易割据，多为朝代发祥地；东北角的河北是东汉发源地，东南角容下了六朝和南宋；西南角的四川，从刘备到五代十国的孟昶再到南宋的吴氏兄弟，都割据一方；西北角的关中，那更是秦与西汉的开国处，唐朝起事，第一件事就是往关中走啊。这几位大王，都在乱世来临时，很聪明地先选择割据自守，找一个极好的根据地，然后打出去。在此之前，哪怕先服个软，也好。

最妙的范例，是李渊。

隋朝杨玄感首先发难，天下大乱。之后，什么翟让、孟海公、窦建德、李密、林士弘、萧铣、薛举、刘武周们纷纷起来闹，你称帝来我称王，过家家一样。

然而李渊很稳：在太原，守着突厥，不动。

直到隋炀帝南下了，天才的贵族阴谋家李密已经逼近洛阳了，天下纷扰，百姓痛恨战争了，李渊动了：入长安，立了代王杨侑，而且跟李密写信服软，请他在东边和群雄鏖战，自己朝西经营；又九个月后，隋炀帝在江都被弑，隋朝彻底没了，李渊才称帝登基，举起唐朝旗帜——这时候，唐已经把住西北关中之地了，进可攻退可守。这时候，李渊既不背叛逆隋朝的罪名，又名正言顺，可以动兵了：我们诛灭群雄，对手是天下盗贼，而不是隋朝；我们起兵，是为了平定天下、救百姓于水火，可不是为了自己的野心哦！

时机、名义、形势，都把握得很好。不急着做出头鸟，而在意做最后的赢家。

许多读者翻历史时，会感叹：楚汉啦，三国啦，隋唐啦，明英烈啦，这些乱世传说，好看的都是前面；到后来天下要一统时，趣味就没那么大了！

的确，乱世乍起时，首先发难的陈胜吴广们，总是最绚烂最激动人心，但通常也死得最快；而刘邦、刘秀、李渊和朱元璋大概都明白：最后的赢家，是最后一个赢下战争的人，而不是第一个发难推翻暴政的人。

“王侯将相，宁有种乎！”多么慷慨的一句话！首义者都是英雄豪杰，口号也多半激动人心，但通常，都是用自己的生命，殉了自己亲手燃起的那一把燎原烈火，之后便宜了其他深谋远虑的人——那些审时度势地高筑墙、广积粮、缓称王的人。

战场可是很乱的

话说公元6世纪到了最后二十年，杨坚在北周掌握大权，眼看要篡权夺位，当他的隋文帝了。北周老将尉迟迥不答应，在河北闹事。于是北周名将，玉璧城的守城天神、离间计的大宗师、老奸巨猾的韦孝宽，就代表杨坚，带军队去打尉迟迥了。

当日尉迟迥开局不利，偏偏河北邺城，几万人来看热闹。韦孝宽那边的宇文忻想了个鬼主意：嗖嗖嗖，乱箭射围观的人。

围观的一看，妈呀，围观都犯法?！跑吧！！

跑的时候，当然没啥规矩，阵型扰乱，声如雷霆，宇文忻赶紧让大家一起吼："贼人败啦！"

韦孝宽这边一听，全军振作，趁乱冲击；尉迟迥全军大败，撤了。

> 迥素习军旅，老犹被甲临陈。其麾下皆关中人，为之力战，孝宽等军不利而却。邺中士民观战者数万人，行军总管宇文忻曰："事急矣！吾当以诡道破之。"乃先射观者，观者皆走，转相腾藉，声如雷霆。忻乃传呼曰："贼败矣！"众复振，因其扰而乘之。迥军大败，走保邺城。(《资治通鉴·卷一百七十四》)

这个打法听来，完全不合常理。自己要输了，射围观群众只会失民心、增敌忾，居然能赢？

然而宇文忻此行，道德上当然很不要脸，却是真懂用兵。

古代人列阵而战，传令靠金鼓旗帜，靠吼，靠层层传达。如今千把人的中学做个广播体操开个校会，都要靠进行曲和高音喇叭来指挥呢，何况古代没有高音喇叭，只能靠击鼓和鸣金。有种说法是：说冷兵器时代，伤亡到了百分之十，一军就溃；除了需要救护伤员外，还有一点原因：除了少数军纪严明不动如山的铁军，古往今来大多数士兵，其实都是见风转舵的——看着形势好，那就一往无前；看着形势差，不免腿肚子转筋。而普通士兵视野有限，万人以上部队对峙，普通一兵真是汪洋大海中一滴水，判断局势好坏，全看周遭。周遭一乱，风声鹤唳，苻坚几十万人，那也是会土崩瓦解的。

宇文忻射围观群众，是给敌人制造混乱，同时给己方伪造了一个胜利氛围。负责射群众的诸位当然是知道真相，但后排动摇不定的士兵并不知道。他们只是听见敌阵那边有撤退的雷震之声，觉得赢了，于是心气大盛；尉迟迥那边则是扰乱动摇，于是全军大溃。

有时对手溃不溃不重要，自己人觉得对手会溃很重要。

所以古来吹猛将，都说斩将夺旗。夺旗所以能与斩将并列，就在于夺敌军的气焰。曹刿论战说了，“望其旗靡，故逐之”。因为旗帜与将领都是普通士兵的标的物。只要旗帜在前移、鼓声还在响，敌人有撤退之相，士兵们就都有士气。

重大会战，提振士气，到后来，就是要给本方士兵们制造一种“我们能赢”的氛围，让对方士兵相信对方要完蛋了。哪怕是假象，也是有用的。

由这一点说开去。

冷兵器时代，将领亲冒矢石会被当作一种美德。按说将领最合理的位置该在后方好控制预备队，但将领是士兵信心的来源——绝大多数士兵是看不见整个战场的，只能依靠动静、声音、对方的士气、本方的姿态、将军的旗帜，以及一些真真假假的消息，判断自己是该冲还是该㞞。所以戚继光在《纪效新书》里说练兵，强调士兵必须眼看旗帜，耳听金鼓，别的什么都不能听，不许乱。就是这个意思了。

富勒先生的《西洋世界军事史》里写，亚历山大大帝东征时，著名的高加米拉会战，马其顿一度并不算有优势，左翼还差点儿被击溃，但波斯人中路破绽出现，亚历山大率骑直冲中路，大流士后撤，中央崩溃，全军俱散；后来的另一个战例，诺曼的征服者威廉定鼎英国王权的黑斯庭斯之战，他老人家亲自突前，一度马倒，全军夺气；威廉赶紧另外上匹马，并且在阵前奔驰，拉开面具，让所有士兵看得见自己：再晚一点儿，士气就完了，英国整个历史都要改变。

因为冷兵器时代身处战场的士兵们，除了极少数铁军是真硬汉，其他大多数，说到底，都还是会贪生，会怕死，会想赢，会怕输，看见有机会就想去斩首级、看见情势不对会想逃跑的、有情绪起伏的普通人啊。

身前有余已缩手，眼前有路已回头

去过杭州的人，都知道庆余堂。胡雪岩的庆余堂。

胡雪岩，清朝的红顶商人。资产最多时，有白银一亿两。就在1881年他成了红顶商人，1882年，他还能投资五千万两银子囤积生丝呢：那是他的巅峰期。

两年后，胡雪岩破产，再一年后逝世；逝世后杭州知府来抄家，“人亡财尽，无产可封”。

起高楼，宴宾客，楼塌了，两年间而已。

胡雪岩当年先是有了产业，再借钱给朝廷对付太平军，还拉了浙江巡抚黄宗汉做合伙人，有钱一起挣；之后，浙江布政使蒋益澧引荐，胡雪岩去协助左宗棠。到勾上左宗棠了，那就不得了了。

平了太平天国，又帮左宗棠创办福州船政局，帮左宗棠筹饷采运，左宗棠征西，也是胡雪岩撑起来。

跟朝廷做做战争生意，想不发达都难。

众所周知，当年山西商人得以发达，跟明末边境交易、清朝定陕甘、左宗棠征西，大有关系。

胡雪岩与左宗棠关系好到何种地步？左宗棠在西北时，想念杭州菜；胡雪岩派人八百里飞骑给他运莼菜去。好大的手笔。与一骑红尘妃子笑，差不多了。

后来胡雪岩怎么倒霉的呢？

明面上是生意做太大了，洋商华商都不满了；暗里是，李鸿章打算遏制左宗棠势力了，当时所谓“排左必先除胡”。

即，左宗棠要你富，你没法不富；李鸿章不想你富，你就没法富。

挂靠的人对不对，挂靠的人心情改了，都容易出问题。

范蠡辅佐勾践灭了吴国，有大功而不居，逃到山东去当了富豪。山东嘛，四通八达，而且自从管仲之后，商业氛围很浓。而且重要的是：越国勾践的手还伸不到这么远，要搞兔死狗烹，也只能杀了文种。按说范蠡灭吴之时，正是他人生最辉煌的时节，就算要从商，也大可以拥一点儿富贵再走呀？

急流勇退，谓之知机。

《红楼梦》里有句话最好，叫作：“身前有余忘缩手，眼前无路想回头。”

各色道理，古人都讲得透透的了；可真做到的，反而寥寥无几。

真聪明的人，那都是身前有余已缩手，眼前有路已回头啊！

赐自尽：一种委婉的恩典

远在汉之前，已有个惯例：君要臣死，不必亲自加诛。

刑不上大夫，那么上头责罚你，暗示你死，允许你自由选死法，已算是大体面了。

像夫差赐死伍子胥，是派使者送剑过去，逼他自尽。只是伍子胥气不忿，自尽前说要亲眼看越国灭吴，夫差大怒，又亲自过去斩了伍子胥首级，处理了他尸体。

这便是自尽与加诛的区别：你老实自尽，就不祸害你尸体，许还留你全尸；你不识相，就让你死无全尸。

后来勾践要文种自尽，也只是赐剑，连声责罚都没有，但文种就懂了：自尽吧，也没多说，省得还要尸体受罪。

范蠡更聪明，早就溜了。

吕不韦独揽大权，到嫪毐出事，吕不韦自己遭流放时，秦王嬴政给他敕书："君何功于秦？秦封君河南，食十万户。君何亲于秦？号称仲父。其与家属徙处蜀！"

乍看只是两句反问，但在诏书里，这是很严格的口吻了。吕不韦便明白了，不劳秦王动手，服毒自尽。

哪位会问了：伍子胥和文种若不自尽，吕不韦若不服毒，是什么下场?

答:您是不了解古代的刑罚啊!

商鞅、嫪毐、荆轲,那都是被秦国体解车裂——也就是分尸。荆轲是死了还要车裂,就为了吓唬活人。

到汉时,这套不劳君王动手、自己领会自尽的制度,已经成型。因为汉时重儒,《礼记》成篇;又汉文帝废肉刑,身体侵害少了一点儿。刑不上大夫嘛,大家彼此留面子。

比如汉文帝要杀薄昭,然而薄昭是太后母家血统,没法直接杀,薄昭又不肯自尽;汉文帝便让大臣们穿了丧服去给他哭丧,逼薄昭自尽。

后来孙权要杀陆逊,是派人去责骂,所谓“累遣中使责让逊,逊愤恚致卒”——孙权不停派人去骂陆逊,意思很明白:你怎么还不死?你怎么还不死??你怎么还不死???

所以陆逊所谓愤怒而死,意思也明白得很了。

比较优雅地赐自尽,像《三国志》里,陈寿要给曹魏留脸面,说荀彧“以忧薨”,忧虑而死,曹操谥了他个敬侯,“明年,太祖遂为魏公矣”——第二年,曹操顺心如意当了魏公。

这个“遂”字,用得很巧妙:于是、就、顺心如意。荀彧忧死,曹操顺心如意当了魏公。

《后汉书》里,范晔不用给曹操留面子,就很直白了:“至濡须,彧病留寿春,操馈之食,发视,乃空器也,于是饮药而卒。”

看,如果你学薄昭般不肯死,催命使者会不停上门来逼你。

你如果如荀彧般,看见空盒子就乖乖自杀了,连史书上都会给你留面子，君臣之间不失体面，还有谥号呢。

当然，催命的不只是使者。李广因为出征失道，眼看要被卫青责罚，即将下狱面对刀笔吏，于是自尽。

哪位会问：刀笔吏有多可怕？比死还可怕？

看一个典型案例流程：如果不及时自杀，要面对酷吏审判了，会怎么办呢？

汉景帝时，周亚夫为丞相，汉景帝已经看他不顺眼了。逮住个机会，说周亚夫儿子为了给他陪葬买盔甲、苛待雇工。

汉景帝先遣使询问，周亚夫拒绝回答——如果这时周亚夫及时自尽，情况会好些。可惜他是个直性子。

于是汉景帝让廷尉以谋反罪审案：一个丞相当了阶下囚，当然没那么舒服了。

著名对话如下：

廷尉：你买盔甲是要谋反吧！

周亚夫：我买盔甲是为了陪葬！

廷尉：你在活着时不谋反，死了也要在地下谋反！

总之，经过各色折磨，周亚夫才知道真没活路了。

但在狱中，没有白绫、鸩酒、长剑，要自尽没那么方便了：于是绝食五天，吐血而死。

他一个军人世家出来的太尉，真正在军营战功赫赫，平吴楚七国时帐下大乱都不动如山的将军，到这时都撑不下去了。这时要死，没有白绫和长剑用来自裁，只好绝食饿死。那是漫长而痛苦的死法，但他确实没的选。

这还是汉景帝，“文景之治”的汉景帝。到武帝朝，酷吏横生，张汤和他的徒子徒孙们手法华丽多样，庄青翟这路宰相，又没有周亚夫坚强，所以一被责罚，干脆立刻自尽了：

能自由选择死法，比绝食吐血饿死之类好多了。

当然，除了自尽，还有许多优待。李秀成投降曾国藩后，写数万字自供书。赵烈文记述道：李秀成被曾国藩斩首前，还说“中堂厚德，铭刻不忘。今世已误，来生图报”。

被斩首还感恩？只因为太平天国其他诸位被擒，那都是凌迟。所以天京城破前，太平天国许多重要将领都及时地病死了——其实是自尽。而李秀成之死，是被曾国藩“免凌迟。其首传示各省，而棺殓其躯，亦幸矣”。

喏，所以赐死也分等级排列的：

暗示自尽最优雅，参考荀彧。

逼自尽很留面子，参考薄昭。

赐自尽是相对体面的，参考文种。

斥责令自尽稍微吓人点儿，参考吕不韦和陆逊。

廷尉逼令自尽已经很痛苦了，参考周亚夫。

你无法自尽，必须处刑了，就很痛苦；曹操恨吕布，所以先勒死，再斩首，让他尸体受两茬罪。

最痛苦的自然是车裂与凌迟。所以吕不韦赶紧自杀免得车裂，李秀成感激曾国藩免得凌迟。

现代人自然觉得，被责让就自杀，真是奇怪——那是因为不了解，残忍的统治者有多少暴力可以对一个人及其亲族的肉体施展。

毕竟千古艰难唯一死。能让那些人精们主动自杀，甚至到后来明清被赐自杀还有谢恩的，那自然是：有比让你自杀更残忍的玩法。

后宫

中国老一辈人有个偏见，觉得欧洲绘画率多裸女人体。开放些的如林语堂先生等，会为之大声喝彩；保守些的遗老们则会大皱其眉头，觉得伤风败俗。其实这里大家也有些误会：欧洲人画裸女像，其实也不太能见人。许多名传天下的裸女像，都是乌尔比诺公爵、西班牙首相这类贵人的私藏品，而且还不能指名道姓，说是女人。大多裸女像，都假托画中女子是维纳斯，是达芙妮，总而言之是女神；要么就是土耳其宫女、古埃及美女，总而言之是异教徒。如果一个良家妇女胆敢画裸像，那就是天大的事儿了。

但到底也有些例外。18 世纪下半叶，法国有幅著名的裸女画，女主角是玛丽 - 路易斯 · 奥墨菲（Marie-Louise O' Murphy），十五岁的美女，趴在床铺上，春情荡漾。

这等尤物，自身经历自然非同小可：1750 年，她十三岁，就被卡萨诺瓦——意大利那个著名的情圣——见着了。卡萨诺瓦说她是个“美丽下流的小生物”。两年之后，卡萨诺瓦为她画了幅裸像，让国王路易十五辗转见到了，一眼看中，就收为了情妇——也等于是法王嫔妃了。十六岁上，这姑娘给路易十五生了个女儿。十七岁时，她被国王指出去嫁人，五年内结了两次婚。当然，她是一生风流，到五十八岁还嫁了个三十六岁的男人呢，但跟宫廷再没纠葛了。

隋时长安，仁寿宫有个宫女，姓尉迟，被隋文帝杨坚看上了。两人轻怜蜜爱了一宿，第二天杨坚兴高采烈、志得意满地上朝去了。等一回来，发现尉迟氏死了。老杨坚，雄才伟略、统一宇内，让杨素这等枭雄服帖，让贺若弼、韩擒虎、史万岁这等名将都唯命是从，居然没了主意，就单骑出了宫，心灰意冷，溜到山里头去了，简直要去当避秦乱世的桃花源里人。幸亏宰相高颎赶过去，才将他劝了回来。

以上两个故事有类似之处么？嗯，有的：

玛丽-路易斯·奥墨菲之所以被路易十五驱出宫廷，是因为她得罪了路易十五那位著名的让娜-安托瓦内特·普瓦松，蓬帕杜侯爵夫人（Jeanne-Antoinette Poisson, Marquise de Pompadour）。尉迟氏之所以死去，是因为隋文帝家那位皇后独孤迦罗，辣手摧花把她给打死了。路易十五和隋文帝都算一代雄主，但遇到自家女人，就此束手缚脚。虽然天子富有天下，率土之滨莫为王臣，可是后宫这事儿，一言难尽啊。

老百姓喜闻乐见的宫斗戏码，主要集中在“一个聪明又美丽的女人，如何用阴谋诡计，坑死了另一个美丽的女人”身上。比如，魏王曾经送给楚怀王一个美女魏姬，楚怀王的宠姬郑袖见了，并不嫉妒，还待魏姬如姐妹一般。熟悉《红楼梦》里王熙凤搞定尤二姐那段的，想必已经嗅出不妙来。可怜魏姬傻傻地听郑袖姐姐摆布，听郑姐姐说“大王觉得你什么都好，唯独不喜欢你的鼻子”，还真信了。我们知道，历代楚王都有奇怪的爱好：楚成王临死前一定要吃熊掌；

楚灵王好细腰，宫人多饿死；所以魏姬大概觉得，楚怀王不喜欢鼻子也情有可原，就笨笨地上了钩，每次见了楚王，都掩了鼻子。郑袖立刻翻身去对楚怀王道：“魏姬所以掩鼻，是嫌大王体臭。”楚怀王一生气，把魏姬鼻子割了。所以后来屈原被流放，也不能怪张仪多计、郑袖狡猾：确实这女人有心机啊。

但并不是所有宫斗，都是这样凭智力的。

比如上头两个：蓬帕杜夫人放逐奥墨菲、独孤迦罗干掉尉迟氏，靠的不是奸谋，而是本身的权力。

法国人会告诉你：蓬帕杜夫人一共活了四十二岁，二十三岁上认识了路易十五，三十三岁她弄掉了奥墨菲。那会儿她已经权倾朝野了。法国所有的名画家都奉承着她，洛可可整个画派都绕着她转；舒瓦瑟尔公爵（Duc de Choiseul）与她结成了强力同盟；传奇里她甚至可以鼓动路易十五发动七年战争，然后用自己的眉笔画地图寄给前线。所以，虽然后来，到1760年代，她不免色衰爱弛，和路易十五不再是情人关系，但到底是朋友——路易十五也没敢太招惹她。人家手里握着关系和人脉呢。

独孤迦罗皇后呢？嗯，她老人家十四岁嫁了杨坚，一过门就逼着杨坚发誓：绝对不能跟别的女人生孩子。所以虽然满宫女人都或明或暗地琢磨“陛下我要给你生孩子”，杨坚还是没法品尝三宫六院的欢乐。哪位问了：杨坚真就这么老实，答应了老婆就不敢违背了么？非也。独孤迦罗皇后的爸爸是独孤信，北周重臣之一；隋宰相高颎本来是独孤家门客，而隋几位宰相都是高颎一派的；独孤皇后曾和杨坚一起上朝听政，当时号为“二圣”——这是后来武则天和李治、韦后和李显那规格了。独孤皇后又是鲜卑人，性子刚烈，杨坚要是敢动什么心思，难保独孤皇后一急，闹出什么事来。帝王素来无家事，后宫一举一动都关涉天下。所以，还是老实点儿吧。

所以你看：皇上进了后宫，也不像运动员进休息区更衣室，可以放松心情了——后宫前朝不分家，皇帝进了家门，真就是踏进了另一个战场。

经过各类清宫戏后，人们已经都晓得了：年羹尧有个妹妹，仗着年羹尧的军功，在雍正朝宠冠六宫。其实雍正他爸康熙爷，当年也是如此：第一位孝诚仁皇后赫舍里，乃是顾命四大臣之一索尼的孙女，赫舍里的叔伯更是大大有名，就是权倾康熙朝、去跟俄罗斯人谈《雅克萨合约》的索额图。

老百姓好个八卦的，一定会津津乐道于汉武帝刘彻那几个女人：陈阿娇和刘彻算是青梅竹马成了婚，在最甜美的传说里，胶东王刘彻被长公主刘嫖抱在怀里，被问到“想要老婆么”，就答“要！”长公主指了左右百余个女子，刘彻都不要，最后长公主指了指自家女儿阿娇，于是刘彻说了：“如果娶了阿娇，就造金屋来藏她！”——得了，这就是金屋藏娇。然后呢，卫子夫因为一头长发、天生丽质，得了宠，于是阿娇陈皇后就失了宠，虽然花了千金，创造了中国有史以来的稿费纪录，请司马相如作了《长门赋》，还是挽不回当年那颗金屋藏娇的心。哪位说了：呀，这个典故就是告诉咱们，后宫女子，一定不能学阿娇嫉妒，得胸怀宽敞，才活得下去。这也的确不假。比如当年孙权那位没实际封后，但后宫都当她是皇后的步皇后练师，就出了名的不嫉妒：自己专宠于孙权，还不提名分，忙着把好姑娘推荐给孙权，于是一生得宠，真是后妃典范。陈阿娇如果按她的路数，也去跟卫子夫互道姐妹、并肩画眉，是不是会好些呢？

往深一点儿琢磨，不那么简单啊。

汉武帝金屋藏娇的故事只是传说，但史册却明白说过，长公主刘嫖见女儿陈阿娇被卫子夫压倒，失了宠，就去问汉武帝姐姐平阳公主——就是她把卫子夫献给汉武帝、自己后来嫁了卫青。长公主问平阳公主的原话是："帝非我不得立，已而弃捐吾女，壹何不自喜而倍本乎！"——若非我，刘彻就不能被立为皇帝，居然就这样丢了我女儿，忘本啊！

是啊，刘彻是不是真喜欢陈阿娇，只有他自己知道；刘彻从阿娇那里得来的利益，却是实实在在的：本来他是王夫人之子，在诸子中未必有多大优势；但跟出入宫廷、与窦太后关系甚好的长公主刘嫖结了亲家，王夫人＋刘嫖联盟，就有能力按住前太子刘荣，托刘彻上位了。刘彻和阿娇的青梅竹马，事实上也是同盟的盟约。

至于刘彻后来放弃阿娇，宠爱卫子夫，看似多少有些兔死狗烹，却也未必只是冲着卫子夫美貌：当日卫子夫得宠后，她弟弟卫青当了建章监，按说这是个禁卫头目，只管内朝，不管外事的，但刘彻一辈子，都在做他祖上那些聚权在手的勾当——刘邦开国后，斩彭越为肉酱，诛英布于九江，游云梦捉了韩信，临死前差点儿连樊哙都杀了；汉景帝平了吴楚七国之乱；汉武帝一辈子在用主父偃之计削地方势力，当然也要修理外朝。他的法子除了聚权内廷，就是提拔身边亲信，对付外朝的派系——卫青就封了太中大夫，之后出征匈奴，军功赫赫，终于被封为大将军。那时候卫子夫美丽的头发还对刘彻有那么深的吸引力吗？未必。但是，卫家这时对汉武帝的开疆拓土已经很重要了，哪怕卫子夫成了个秃瓢儿，汉武帝也会说她好看——因为比起外朝之臣，她是汉武帝的自己人，何况她身后，是卫青和霍去病的赫赫战功呢。

哪位会怀疑：汉武帝真是那么理性现实的人，连后宫佳丽都在他的江山计算之中么？想一想钩弋夫人的下场好了：多得宠的一个赵婕妤，就因为生了个儿子要在未来立为汉昭帝，就被平白赐死了。脱簪请罪也动不了汉武帝的心，还赶她走，很明白地说："你不能再活下去了。"

结论就是：在汉武帝生命里三个最重要的女人，其实决定性要素不是阿娇的美貌、卫子夫的头发或赵婕妤的娇柔。阿娇是刘彻登基的工具，卫子夫是可靠的帮手，赵婕妤是生养未来天子的机器。她们不再是她们自己，而是刘嫖、卫青一族和汉昭帝的代言人。这就是后宫的实质，就像蓬帕杜夫人代表的不再是洛可可画派那些油画里美丽动人的她，而是舒瓦瑟尔公爵和整个巴黎的警察机关。

自汉武帝之后，外戚和后宫串联这事，逐渐上了台面。霍光和王莽被后世当作匡扶汉室和祸乱汉室的两大根由，但身为外戚却是实在的。东汉的大将军几乎被皇帝的大舅子或丈人垄断。然后就发生了一个顺序的变化：原本是天子宠爱了一个女子，然后任用他的亲戚，比如卫子夫和卫青；但后来，天子任用了大臣，反过来就得娶他们的女儿，成了反制之势。比如曹操挟天子以令诸侯时，先把国舅爷董承给干掉，然后把自己的女儿曹节许给了汉献帝，这样他就成了国丈。你可以想象汉献帝看见曹节皇后时，心里未必会甜甜蜜蜜。

既然后宫情势和前朝息息相关，皇帝娶老婆也不再是单图美色而是哄着老婆们的兄弟姐妹们，于是每个进后宫的女孩子，都不能太欠缺政治头脑，得明白自己的分量。

且说晋武帝司马炎，众所周知的风流人物。降孙皓三分归一统后，他老人家第一件事儿，就是把孙皓后宫，一起纳入自家院墙，于是一度后宫万余人，真真是每天睡一个，都得三十年。所以才有司马炎那著名的骑羊车瞎溜达，睡到哪里是哪里的破习惯，哄得宫中的女子们，竹叶插户、盐汁洒地，引来了羊，就是引来了天子。但这么个到处留情的家伙，也有动情处：当日他选美来填后宫，择了大将军胡奋的女儿胡芳。胡奋先有一子早死，听了女儿中选的消息，大哭："老奴不死，唯有二儿；男入九地之下，女上九天之上。"胡芳得宠，也很特别：听说入选，当即大哭。左右喝令她别哭，要被陛下听见的，她道："死都不怕，还怕陛下？"这就让司马炎觉得这是带刺玫瑰，辣而且美了。

既然美而且辣，招人眼目，针对性的举措便到了：胡芳入宫后一年，司马炎皇后杨艳要过世了，知道胡芳多半要夺了后位，心不甘情不愿。本来人死如灯灭，没什么好记挂的了，可是杨艳怕自己那位"何不食肉糜"的笨儿子司马衷，就此被胡芳的儿子夺了太子位，赶忙把自家的妹妹杨芷推荐给老公。这种姐姐死了妹妹替，大家轮流做皇后，说穿了，就是为了继承自家家族血脉，防止后位被人所夺。可是胡家门里，其实明白得很：富贵岂得久长呢？当日胡芳的爸爸胡奋和两位杨皇后的老爹杨骏私下遇到，两位国丈爷说起话来。胡奋是武将出身，西抗诸葛亮，北击公孙渊，平淮南，随邓艾，战姜维，破匈奴，什么没见过？拿着武将口吻，很直率地去跟杨骏说：“您老仗着女儿豪横么？看看前朝，跟天家结婚，没有不灭门的，早晚的事儿罢了！看你这么骄横，只会倒霉得快些。”杨骏都气傻了：“哟，合着你女儿不是天子的女人？”胡奋很明白地说：“我女儿只是你女儿的婢女，摊不上什么大事。”

这话真是一语成谶。司马炎继任的皇后杨芷就是想太多了。司马炎要为他儿子司马衷改善环境，废了那著名的黑脸胖丑好嫉妒的太子妃贾南风时，杨芷却劝说不要：因为考虑到贾南风的爸爸就是司马昭的著名狗头军师贾充。本来杨芷这么做，大概指望贾家和杨家能够和睦，不料贾南风一成了皇后，就回头诬赖杨骏作乱，再把当时已成皇太后的杨芷饿死——这真是机关算尽太聪明，反算了卿卿性命。后宫前朝关节那么多，试图在里面玩火，最后玩死了自己。所以胡奋老爹说得最对：胡芳恰好因为没在后位上，才不会招致这以怨报德的惨状。

后宫传奇的巅峰，自然是唐朝。蔡东藩写历代演义，说唐朝是所谓“唐乌龟”，古来也有脏唐臭汉的说法。李治、王皇后、萧淑妃和武则天的传奇已经尽人皆知无须多说，李显、韦后、武三思和上官婉儿也是乱七八糟糊涂账，之后就是李隆基和杨玉环的旷世绝恋了。所以后世为什么对李世民家那位长孙皇后歌咏不绝呢？原因是，长孙皇后很讲分寸。她有能力参与军政之事，玄武门之变时还负责策励军士呢，但一旦登上了后位，就不肯开口参与国政。李世民生气，骂魏征是田舍翁，打算给他点儿颜色看看时，她去着了皇后礼服，一本正经地祝贺皇帝身边有忠直谏臣，救了魏征一条老命。更妙的是，她不但自己懂得恬退，还时时唠叨，要哥哥长孙无忌快点儿辞职，还转回身劝李世民，不要太宠他哥哥。联想到后来李治朝长孙无忌的下场，真只能说长孙皇后是真聪明。

天下人都知道唐玄宗跟杨贵妃，如何郎情妾意，如何一骑红尘妃子笑，如何从此君王不早朝，如何在天愿为比翼鸟、在地愿为连理枝，以至于宠信杨国忠，让这个不学无术的家伙当了宰相。乍听之下，似乎唐玄宗是被爱情冲昏头脑。然而细想来，杨国忠自有他可取之处：他是武则天男宠张易之的亲戚，在朝廷没有什么背景，甚至被人厌弃。《新唐书》里说他“嗜饮博，数丐贷于人，无行检，不为姻族齿”。真是吃喝嫖赌五毒俱全人人恨。除了唐玄宗和杨贵妃，他实在无可依靠。用他来当宰相，牵制独揽相权、口蜜腹剑的李林甫，是再好不过的人选了：因为他只能忠于唐玄宗，没别人可依靠啊！——是不是按这个角度思考，会忽然之间，发现唐玄宗给杨玉环送的那些荔枝，也似乎没那么纯真甜美了呢？

评书《杨家将》里，辽国萧太后权倾朝野，算是杨家将潜在的最大劲敌；其实宋朝的太后们，一个个也不遑多让。宋真宗那位章献皇后，传说中狸猫换太子的人物，厉害得很。但史实里她老人家当起了刘太后，垂帘听政，也被认为有吕雉的才情，却无吕雉的恶迹。宋仁宗那位曹皇后，到了能当太皇太后的时节，还能救出被乌台诗案折磨到七死八活的苏轼；宣仁高太后更加了得了，辽国人都叫她“女中尧舜”，金庸《天龙八部》特意大大赞美了她一番。

但是宋朝太后们也有些小问题：都是后宫里摸爬滚打出来的，深明皇帝身边人的重要，于是越俎代庖，给皇帝择起老婆来了。

还是狸猫换太子那位刘太后，对儿子管得很严。当日张氏和郭氏两个美女一起入宫来，宋仁宗爱的是张氏，可怜他没亲政，连结婚都当不得主——哪位问了，皇帝结婚不是自家私事么？没法子，皇家无私事啊。刘太后的嫂子，是吴越王钱俶的儿子、大才子钱惟演的妹妹；钱惟演的儿子，又是郭氏的姐夫。这一通裙带关系搅和着，太后是满意了，宋仁宗可不大高兴。

可惜郭皇后也不算聪明，仰仗着太后这靠山，横行后宫，居然敢监视仁宗行踪，不让他亲近其他宫女妃嫔。如果她有隋文帝家独孤皇后的派势，这么做倒还使得；可怜刘太后一过世，郭皇后就折了：宋仁宗直接不搭理她，发挥皇帝的权限，跟宫人们玩得甚欢。于是郭后终于做了件蠢到家的事儿：这天听见仁宗跟美女尚氏亲密着呢，听见尚氏在吹枕头风说自己不好。如果换了武则天，大不了就安排个栽赃嫁祸；如果换了吕雉，就趁宋仁宗不注意把尚氏给杀了。可是郭氏就扑将进去，抬手就打——结果一巴掌打在宋仁宗脖子上了。

然后呢？下头自有人揣摩上意，宰相吕夷简策动人马要求废后。宋仁宗一不做二不休，把郭皇后、尚美人们一起历数了过错，逐出了宫。等贬完之后，再客气也无所谓：赐了郭皇后——这时候已经是郭净妃了——法号金庭教主、冲静元师。反正不用花钱，随便封就是。

所以我们可以如此总结：郭皇后简直把后宫可以犯的错误都犯了一遍——不招天子喜欢，却成了皇后；借着太后靠山，还不够低调；没了靠山之后，还嫉妒成性；居然傻到去打皇帝。当然，末了，她还是没做对选择题：宋仁宗曾经下了密令，想召她回宫，这已经算是给足了面子。然而郭净妃说："须百官立班受册方可。"还要重新立册封礼。且不说宋仁宗那会儿已经立了个曹皇后，哪怕没曹皇后，这叫皇帝面子往哪里搁去？于是这事再无下文了。

当然，这位曹皇后的经历，也算不太平。

当日宋仁宗虽然册立了曹皇后，也还宠幸着一位张贵妃。张贵妃当日权倾朝野，甚至她奶妈贾婆婆，也在宫里呼风唤雨。妙在当时仁宗的宰相贾昌朝正在相位危殆之时，急着找靠山，就去拜了贾婆婆，自认为侄儿，跟张贵妃就此攀上了关系。曹皇后也不傻，不坐以待毙。当年王皇后懂得拉拢武媚娘对付萧淑妃，曹皇后也懂得推贤进美，于是千挑万选，找了个美女范观音，收作义女，进献天子。这么一来，曹后一派的势力，眼看又回来了。于是张贵妃动手了：当年大旱，宋仁宗和满朝人都在琢磨如何祈雨。张贵妃就跟贾婆婆递了话，贾婆婆又跟贾昌朝使了眼色，贾昌朝岂有不理会的？便上了奏章。众所周知，中国古代倘若天相不对，都要归咎到皇帝穷奢极欲去。贾昌朝倒也不敢让天子下罪己诏，只是劝天子出宫人以弭灾变。这意思：把您宠爱的宫人放出宫廷这个金丝笼，天象就好啦——于是范观音就被放出去了。看看这个：联系前朝势力、利用灾变，干手净脚，不动声色地搞定情敌，也真是好手段。上头这个故事里，奶妈贾婆婆起了重要作用。但细想来，却也是历史常事。天子后妃，生母大多要么早逝，要么来不及照管儿子，所以奶妈们经常乘虚而入，成为天子后妃实际上的监护者，也因此得以把持权柄。比如天启皇帝那位乳母客氏，就和魏忠贤协力同心，把明朝搅得乱七八糟。但他们还不是最传奇的。

最经典的一个，从草根上位，结合了奶妈、皇后、权力、阴谋、夺嫡的故事，是这样的。

北齐后主高纬，娶了重臣斛律光的女儿做斛律皇后，另有一个胡太后。这婆媳二人把持后宫，真是铁桶山河；高纬有个乳母陆令萱，本是罪人之妻，因为跟高纬感情好，封了女侍中，号为“大姬”——以上是背景。而女主角则是斛律皇后的侍女，身份低微的穆黄花。

听起来，似乎毫无突破口，是吗？

穆黄花先是进了宫，依靠美貌得了恩宠，然后和陆令萱勾兑好了关系。陆令萱的权势只能及于后宫，但还是有法子保护穆黄花，等穆黄花生了儿子高恒，陆令萱给出一个绝妙的主意：斛律皇后无子，急着要儿子呢，就让穆黄花献出高恒来，当斛律皇后的养子，于是名正言顺的，高恒成了当朝太子。一年之后，陆令萱等到了机会：胡太后荒淫事发，高纬大怒，为了怕老娘丢人，把她幽禁起来，于是陆令萱+穆黄花联盟成了后宫一霸。侍中祖珽来拍马屁，陆令萱给了他机会表忠心：去，把斛律光解决了！祖珽一进谗言，斛律光和斛律皇后先后遭殃，穆黄花拿回了自己的儿子、当朝太子高恒。这时候，穆黄花再当皇后，自然是顺理成章。

喏，以上就是一个完美的，毫无外戚实力，只利用美丽的容颜、新生的皇子和奶妈，就完成宫斗的经典例子。当然，这样的例子实在太少，而且没有足够的靠山支撑，也实在不能长久。最后穆黄花还是身随国灭，沦落风尘了——但那就不是她宫斗的时候能预料的了。

三国四美人

黄月英本来不叫黄月英。

她叫什么，史书未载。只是沔南名士黄承彦，跑去对诸葛亮说："身有丑女，黄头黑色，而才堪相配。"

头发黄，肌肤黑，乍听很适合孙权：碧眼紫髯，夫妻搁一起，是块调色盘。

诸葛亮挺高兴，娶了黄姑娘。乡下人嘴刻薄，说："莫作孔明择妇，正得阿承丑女。"

话说黄姑娘，大概确实不好看。黄承彦可能是自谦，乡下人民的眼睛却是雪亮的。

但乡人看脸，诸葛择才，眼光那自然大大不同。

妙在黄承彦家里，是跟刘表老婆蔡夫人攀得上关系的。蔡家在荆州，反客为主，一方豪族；诸葛亮本可以攀那一层关系，却还是跟了刘备。

卧龙出渊，眼光自是不同凡响。

想象黄夫人在家里："哎，我姨夫是省里老大刘表，你要去跟他干不？"

"不，我还是跟县里的刘备好了。再过十二年他就是皇帝了，我四十岁刚过就要当总理呢。”

“吹吧你！”

蔡文姬本来不叫蔡文姬。

蔡琰，字昭姬。因为晋时避讳司马昭的昭字，改了文姬。类似于恒山为了避讳汉文帝刘恒，改叫常山；姮娥为了避讳汉文帝刘恒，改了嫦娥。

蔡文姬先嫁了卫仲道，丧夫后回家；后来被董卓部将掳走，又被匈奴左贤王刘豹抓去，生了俩孩子。十二年后，曹操重金将蔡琰赎回来，是所谓“文姬归汉”，将她许配了董祀。

蔡文姬的夫君有三位：卫先生，刘豹，董祀。但与她故事最多的，是曹操。

——董祀犯罪，蔡文姬披发赤脚，隆冬季节去求曹操，曹操于是赦了董祀。看着没啥了不起，但若知道曹操持法严峻，酷虐变诈，想必当时左右都会交头接耳：“魏王怎么为了这姑娘，改性子了？”

——蔡文姬说她能背出家中遗失的藏书四百篇。听上去像不像黄蓉她娘？曹操大喜过望。

——《胡笳十八拍》则是历史流传的名篇，不提。

孙尚香应该也不叫孙尚香。

《三国志》里只提到了孙夫人，没提名字。

刘备跟孙夫人那段感情，大概不算甜美。正史上，孙权嫁妹，但孙夫人身边没事侍婢百余人护卫，吓死人。又孙夫人容貌不确定，但性格刚强，有诸兄之风——孙策、孙权都爱亲自打猎射虎，孙坚也是个剽悍勇健的性格。

《三国志·蜀书·法正传》里，诸葛亮说："主公之在公安也，北畏曹公之强，东惮孙权之逼，近则惧孙夫人生变于肘腋之下。"——把孙夫人跟曹操孙权列成一个档次了，端的是个母老虎！

还不提她嫁了刘备两年后走掉，把阿斗都给抱走了。当然抱走阿斗未必是坏事，但抱走刘备唯一继承人，这也挺坑的了。

甄宓很可能也不叫甄宓。

文昭甄皇后，正史不记名字，河北人。嫁了袁绍的次子袁熙。二十一岁那年，甄夫人在邺，被十八岁的曹丕收了。

十六年后，曹丕称帝，去了洛阳，封了郭嬛做贵嫔，甄夫人留在邺，仍为夫人。甄夫人不高兴。曹丕赐死甄夫人"发覆面，以糠塞口"。

当然曹丕一向轻薄臭流氓（此处王忠，张绣、夏侯尚、于禁们当然要一起点头了），但只做对了一件事，让甄宓的儿子曹叡当了太子。曹叡后来称帝，追封了甄宓做文昭后，也算为母报仇——是不是听上去像《狸猫换太子》故事中的宋仁宗？

这是最初的她们：

一个丑但有才的黄夫人，一个流离苦命的才女，一个剽悍刚强的政治婚姻小公主，一个失宠死去被追封的皇后。

而且，都没有正经名字流传下来。

黄月英之所以叫黄月英，连《三国演义》书里都没提，应该是各色戏曲评书里的说法，像袁阔成先生的评书《三国演义》里已有了。

其实《三国演义》里都没怎么提她。只是民间传闻，将诸葛亮各色神奇，多归到黄夫人身上。什么羽毛扇是黄夫人相赠啦，什么木牛流马是黄夫人制造的呀。类似于给苏东坡安排个苏小妹，属于民间创造。

真正开始大肆拿她说事的，是民国时一本同人小说《反三国演义》。那本小说是季汉拥趸尤其是马超迷的福音，是魏吴两国爱好者的噩梦。其中黄夫人一折，很神奇：

说她容貌端庄，一点儿都不丑，只是乱世为了避免被歹人觊觎，才如此自毁；说诸葛亮在前线所向无敌，没空回来，于是黄夫人坐个飞行器，直接去南蛮，召唤一道雷，把孟获们吓倒了，从此拜服，黄夫人一个法术，胜过诸葛亮七擒七纵——这大概是我所见最玄幻的一个黄夫人。

蔡文姬在《三国演义》里只出场一次，浮光掠影。说曹操路过她家庄上，跟杨修打了个哑谜。杨修当场解出，曹操过三十里路才琢磨出来。这是杨修继“一合酥”“门上加活等于阔”之后，又一个让曹操嫉贤妒能的细节。但《三国演义》里不太写曹操的情感故事，所以蔡文姬也只是闲笔罢了。

相比而言，孙尚香扬名立万，全靠《三国演义》。

一来罗贯中笔下，她有了名字，尚香；然后她有了戏份。《三国演义》既然尊汉扬刘，刘备娶亲这事自然要大肆渲染。本来简简单单的一个孙权“进妹固好”，嫁妹妹来巩固联盟，变成了周瑜美人计、诸葛亮将计就计、甘露寺吴国太看新郎、北固山孙权刘备联马谈笑、孙刘成亲、刘备出逃、孙夫人退追兵、二气周瑜，终于“周郎妙计安天下，赔了夫人又折兵”。

罗贯中的虚构才华，到此巅峰。

孙夫人也显出刚柔并济的成色，不再是刘备家的母老虎，而成了刘备的护身符。最妙的一处，是这样的：当时吴将围上来，要杀刘备，孙夫人吼了，吴将们推脱是周瑜将令。

孙夫人：“你们只怕周瑜，独不怕我；周瑜杀得尔等，我岂杀不得周瑜！”

吴将们面面相觑：“她与吴侯，一万年也是兄妹；日后翻过脸来，都是我等不是……”

领导的亲戚；委屈的打工仔；如何做人，都在这里了。

为了美化孙夫人和刘备的感情，《演义》还去掉了诸葛亮那句“肘腋之间”，加了刘备死后，孙夫人跳江殉情的传说。可见人民骨子里还是乐意看好眷属，不爱看怨偶啊。

甄宓在《三国演义》里，也只出场一次。曹丕入邺，娶了她。曹操看了，说“真吾儿妇也”。这句话，意思深了去了。但之后，因为《洛神赋》的传奇，导致她忽然之间，成了三曹都喜欢的女人。

这是第二重的她们：经过小说和民间改编，分别成为一个才华横溢的女发明家、一个才女、一个有情有义的刘备夫人、一个名动天下的美人——还都有了名字。

我们都知道，这是个二次元改编历史传奇，然后倒逼历史传奇的时代。吕布可以从汉末一介骑射之将的诸侯，经小说改编成三国第一猛将，经游戏和漫画吹嘘成三国第一战神，俨然三国小项羽，就是明例。

2003年光荣公司出了游戏《三国志9》，黄月英与马云騄初次出现，可见光荣公司内部死宅确实熟读三国，连评书和同人小说都不放过。黄月英设定得并不美丽，但数值惊人，特技也是偏法师一路，俨然诸葛亮身边多了个小张角。后来《真三国无双》系列，更是将她放了进去。黑肤是不怎么体现的，黄发却代代如此，显得她格外异域风情，简直有精灵族的架势。至于大发明家、神机妙算，还在诸葛亮之上。就差直接说她是三国鲁班啦！如果还有谁不识时务，说“黄月英其实特别丑”，那更可以用《反三国演义》的说法直接怼回去：

“乱世嘛，女孩子低调点儿怎么啦？！”

蔡文姬在游戏《三国志10》是作为旁白解说出场的，之后也成了可操作武将。妙在另一款游戏《真三国无双7》，还特意安排了她。大概魏势力没有个女孩子跟曹操打对台戏，所以找了蔡文姬。《真三国无双7》中，蔡文姬使一个箜篌，适合她才女的做派，简直随时要客串《孔雀东南飞》；跟曹操的感情，也算发乎情而止乎礼；游戏甚至有个外传关卡，是她出去晃荡了，魏国诸将急吼吼满世界找她，满脸都是“给主公把媳妇儿找回来”的架势。

这也跟曹操的形象发展有关。本来嘛，曹操的夫人里，卞夫人、丁夫人，都大有文章可做。但既然大家都已经默认了曹操喜欢别人家的太太，他跟蔡文姬便大有话说。毕竟想来想去，貂蝉配吕布，邹氏不是啥好女人，蔡文姬与曹操却算是彼此欣赏，而且蔡家那位董先生存在感不强，就让蔡文姬跟曹操算一对柏拉图恋情精神伴侣，也不坏。

孙尚香的形象，真是光荣公司给立起来的。《三国志9》开始，她是一个出色的弓兵将领，又有所谓弓腰姬的说法，一望而知是日本词。《真三国无双》系列里，她是个玩呼啦圈的青春少女，活泼元气，明媚夺目，跟刘备谈恋爱的戏份也大大加强。所以在这个时代，谁还会在意刘备那两位甘苦十数年、带阿斗闯长坂坡的甘夫人和糜夫人呢？谁会在乎孙夫人历史上让刘备战战兢兢，估计都没啥夫妻生活的现实呢？东吴有个活泼热辣的萌妹子才重要嘛！

最后，甄宓。

正史里曹丕与她成了怨偶，不妨碍人民后续的编排。《世说新语》里有句话，明说了曹操对她垂涎：魏甄后惠而有色，先为袁熙妻，甚获宠。曹公之屠邺也，令疾召甄，左右白：“五官中郎已将去。”公曰：“今年破贼正为奴。”——说明如果曹丕没抢甄夫人，曹操那是一定要抢的了。

说一下这个宓字。

曹植写过《感鄄赋》，一般认为是因曹植被封鄄城所作，也就是《洛神赋》。但人民的浪漫主义精神发作，认为这其实是《感甄赋》，感的不是鄄城，而是甄夫人。又洛神名叫宓妃，既然洛神就是甄夫人，那就老实不客气，给甄夫人起名叫甄宓了吧！

游戏《真三国无双》系列又搞鬼，因为甄夫人大曹丕三岁，于是设定她成了御姐。本来洛神是翩若惊鸿婉若游龙，硬生生多了御姐范儿，这又是民间再创作了。

多说一句：跟甄夫人抢曹丕的那位郭夫人（史书叫作郭女王），传说名叫郭嬛。甄嬛的典故，源出于此。

但无论是甄宓还是郭嬛，都是民间传奇。就像孙尚香、黄月英的名字，那都是史书不载，人民乐意。

所以啦，如今就是这个局面：

黄月英成了发明家女术士，蔡文姬成了曹操的精神伴侣，孙尚香成了东吴第一元气少女，甄宓成了洛神和御姐。

正史她们只有姓。演义评书让她们有了名字。二次元改编让她们有了传奇。

自然，现在她们与历史形象固然相去万里，但那又如何？人民乐意嘛！

“我了解你的一切把戏……但还是等你”

一

中国古代女性，地位从来可怜。

当阳长坂，刘备兵败；赵云乱军中怀抱刘阿斗归来，千古传奇。但抛妻弃子、夺路南逃的刘备，却甚少受指责；到后来陈寿写《三国志》，赞美刘备有高祖之风；说赵云仿佛西汉开国功臣夏侯婴，这却有些皮里阳秋：四百年前，遭遇类似处境时，刘备的祖宗汉高祖刘邦，那也是慌不择路、把自己的孩子往车下扔，得亏驾车的太仆夏侯婴，几次三番，把孩子又抱回来放车上了——类似于赵云救阿斗。事情听来惨无人道，但在当时却是被理解的。因为在古代，妇人孩子，都是男人的附庸；“兄弟如手足，夫妻如衣服”，居然还是句笼络人心的话呢。

所以偶尔有个把多情种子，肯对女人写几句好话，大家都会当作痴情汉来谈论——哪怕痴情汉本身也未必多专一。

苏轼的确对王弗“十年生死两茫茫，不思量，自难忘”，但不妨碍他续弦，还跟他家那位名妾朝云到处秀恩爱。

元稹的确“曾经沧海难为水，除却巫山不是云”，但他老人家的情史，那也是一笔糊涂账。

甚或《浮生六记》，本来作者沈复，也不过是个苏州士人；相比于同时代文人，有些趣味、能动手、精力也旺，颇有才气，但抵不上他的心气高。所以他的文章，内容与题材胜过文笔。这位总觉得自己很了得，但确实做啥都不太能成。他常念叨自己是林和靖之类，但骨子里其实很好热闹，是红尘中人，有苏州小市民活泼的内心。所以整本《浮生六记》好看，不在沈复，在他妻子芸。

饶是如此，作为古代名人里的模范丈夫，沈复还是有堂而皇之大写去广东嫖妓的段落，还自命风流，洋溢着“兄弟我就是有魅力”“像在下这样对妻子好的，那实在不多了”之类的情感。

如清朝大才子，李渔、袁枚们，都有把女性物化的词句。只是大家对古代人宽容度会高些，毕竟那时代男尊女卑。包括民国那一代许多文人，所受的教育，对女性要么当家眷守之以礼，要么当歌姬谑笑狎玩，还要在男人间开玩笑聊女人。那一代才子，会觉得“我就是才子，率性自如说就是了”，所以他们谈及女人的文字，不可谓不深情，不可谓不温柔，但多少还是带狎玩气。他们甚至不是故意的，只是自己没注意到而已。

二

所以《木兰辞》千古有名。许多人在意的是木兰的孝心与战绩，然而最妙的，却是其中的女性自强色彩：木兰出战时，算她十六岁。大战十二年归来，也近三旬了。搁现在，那自然会被居委会大妈说是剩女，要逼着相亲了。在古代，更加是大龄女子了。

可是她回来之后，对镜理云鬓，贴花黄，穿戴完了。出门看伙伴，伙伴都吓一跳：同行十二年，不知木兰是女郎。木兰还来得及开个玩笑：扑朔迷离啊，双兔傍地走，安能辨我是雄雌？

搁现代，一个二十八岁的普通女孩子，能这么硬气地对男性说这番话，都算是豪气干云；何况她是一个精忠报国，孝父无双，关山万里，寒光铁衣，辞去了尚书郎，悠然回故乡，起码二十八岁的单身大姑娘。人生半辈子在疆场，归来还是旧衣，还是红装，还是谈笑自若。在最慷慨壮烈潇洒的时候，还能先用兔子打比方，举重若轻地开个玩笑。

这份不让须眉的派头，比她的孝心和战绩，更加动人。

所谓强势女性，未必是得跟老爷们猜拳喝酒比嗓门大。这份派头，也可以。

三

归有光有名文《项脊轩志》，结尾句曰："庭有枇杷树，吾妻死之年所手植也，今已亭亭如盖矣。"

然而归有光看似情深，纳妾续弦，那也是毫不含糊。

而且，这个意象，还真未必是原创。桓温当年，"树犹如此，人何以堪"，类似意象，古人用太多了。

有一句话，比归有光那句强多了。

归有光之前两千年，晋国公子重耳——后来的晋文公——流亡

《百美新咏》插图

到狄，娶了季隗。到他要走时，对季隗说：“等我二十五年不回来，你就嫁了吧。”

季隗笑道：“犁二十五年，吾冢上柏大矣。虽然，妾待子。”

“等你二十五年，我冢上的柏树都大啦！——虽然如此，我等你。”

这故事有一个尚算甜美的结局，八年后重耳归国，开始他春秋五霸的不朽伟业，与此同时，接回了季隗。

虽然如此，这故事最细腻处，却是季隗的态度。

面对重耳这种自私的要求——“等我二十五年就嫁了吧”——季隗还笑得出来，是真被男人的凉薄逗乐了吧？

那第一句话极为悲哀，“二十五年，冢上的柏树都大了”，这一句之利，足以压倒归有光；但更棒的是后一句，“虽然如此，我等你（虽然，妾待子）”。

那是已经看穿了男人们的自私，看明白了承诺的不可靠与命运的残忍，于是先哀婉地嘲讽，戳穿了这句话，但还是，温柔又坚决地，表达了自己的爱。

这大概是中国古代女子，对待残忍命运时，最不卑不亢，却情致深婉的一句话了——至少在这句话面前，春秋五霸的重耳，忽然就显得，苍白无力了。

皇二代

在中国做皇二代，生活殊为不易。首要障碍：你得活得下来。盖因开国皇帝多艰苦，自顾不暇，经常顾不到儿子，急了还拿儿子当沙袋和安全气囊。比如刘邦彭城之战，为了逃命，生把刘盈一个未来汉天子往车底下扔；阿斗在当阳长坂亏了赵云救出，民间传说还挨了爸爸一摔；曹操的大儿子曹昂就比较不顺，硬生生折在宛城，成全了曹丕。

即使活下来了，也很不易：你得接得上位子。李世民当日玄武门之变，杀兄弟不提，逼父亲的传闻也不绝于耳，但倘不下杀手，李建成、李元吉未必放得过他。赵光义接了哥哥的位子，至今斧声烛影，大家忙着考证柱斧究竟是否戳得死人。孙策一死，张昭第一时间扶孙权上马出去巡视：得赶紧让大家知道孙权才是正统啊。

接了位子，也不太平：谁知道大家听不听你的？汉文帝被推选为皇帝时，自己都不敢信，迟疑良久，就怕入朝吃亏；怎么吃亏呢？项梁立楚怀王，自己是楚国实际的王牌，但他在定陶一死，楚怀王这个牧羊出身的傀儡楚王，立刻动手，趁项氏力弱，让宋义当家，项羽反而为其下。所以项羽果断出手，以下犯上杀了宋义，再完成巨鹿之战，成了诸侯联盟上将军，既可说是激于一时豪气，也可说是自保——政治斗争里一时失了势，很容易就被按住了。

古人也非不聪明，这个道理，其实早早就明白了。管仲当年搞葵丘之盟，成全了齐桓公春秋首霸，顺便也立了最早的国际公约。《春秋穀梁传·僖公九年》道："毋雍泉，毋讫籴，毋易树子，毋以妾为妻，毋使妇人于国事。"

按这五条，雍泉事关水源，讫籴事关粮食，都是民生大事，大家说清挺好；后面三条，不换太子、不立小老婆、不让妻妾干政，就比较私密了。哪位问了：管仲恁也多事，都管到君王卧室里了！都按你这么样，后世的宫斗戏还拍不拍了？然而细想来，帝王家事，都是政治。虽然这几条早在公元前7世纪就成了共识，但后世不也没能解决这些么？当日曹操问贾诩立谁为太子好，贾诩装糊涂，只隐约说想起了刘表和袁绍父子的事儿——这二位都是立了幼子，结果颠覆基业——让曹操定了立长子曹丕的心思。区区三国不到百年，类似立嗣事件就给罗贯中那么多骗稿费题材。

这里就不免得说一句了：当日秦二世胡亥，算是地道皇二代。跟赵高闹矛盾到最后，终于阎乐前来弑君。秦二世跟他还讨价还价：

"吾愿得一郡为王。"被拒绝。

"愿为万户侯。"被拒绝。

"愿与妻子为黔首，比诸公子。"——当个平民老百姓总可以吧？阎乐懒得跟他废话了，直接动手杀了。这就是皇二代必须面对的问题：这一行，处理得不好，就是杀身之祸。

亚历山大大帝，算是欧洲千古一帝了。但如果追根溯源，虽然亚历山大拓地万里，纵横捭阖，天下无敌，但细说起来，其实他也算是皇二代。因为一般公认，马其顿最初的基业与兵卒，算是他父亲腓力二世打下来的。

且说腓力二世这马其顿王位，来得也不算正。少年时他在底比斯当人质，大概类似于燕太子丹在秦国当人质；幸而他运气好，在那里遇到名将伊巴米农达，授了不少军事心法；回得国来，等兄长佩尔狄卡斯三世过世，侄儿阿敏塔斯四世登基，腓力二世立刻废了侄儿，自立为王。

登基八年后，腓力二世的王后，伊庇鲁斯公主奥林匹亚丝，生了个儿子：就是后来的亚历山大大帝了。

当日腓力二世自不知道这小子会纵横世界，只满心觉得奥林匹亚丝个性专横独断又神秘。亚历山大十九岁那年，腓力二世跟奥林匹亚丝分开，娶了马其顿豪门阿塔卢斯的侄女克里奥帕特拉。据说大婚之日，国舅爷阿塔卢斯太得意了，说："马其顿王室将会有一个合法的继承人。"——亚历山大的老娘奥林匹亚丝已然失宠，亚历山大自己虽还坐着继承人之位，但位置不稳；假若克里奥帕特拉为腓力二世生个儿子，亚历山大可不就危险了？

一年之后，腓力二世被保镖保萨尼亚斯刺杀。动机何在？亚里士多德认为，保萨尼亚斯得罪了腓力的岳父阿塔卢斯，之后的史学家则推演出保萨尼亚斯跟腓力是同性之爱，这是场情杀。再后来学者查士丁按照谁得利谁动手的标准，认为奥林匹亚丝与此凶杀案脱不掉干系——那亚历山大，自然也很难清白了。

且说腓力二世一死，亚历山大立刻通过减税赢得马其顿军队的效忠，然后启动军队，闪电迂回色萨利，色萨利同盟奉他为盟主；此后他南下温泉关，雅典与底比斯向他求和；之后科林斯邦联大会选他为最高统帅，继承他爸爸腓力的地位。希腊就此搞定了。他又在多瑙河收拾了盖塔人，再搞定伊里利亚人，南下推平了底比斯，慑服了雅典。一气呵成。

这是对外，对内，他也出手迅速：

就在腓力二世的葬礼后不久，亚历山大处死了国舅爷阿塔卢斯，他老娘奥林匹亚丝杀了情敌克里奥帕特拉和她的儿子。亚历山大再处死阿敏塔斯——就是他父亲的侄儿、父亲的前任马其顿国王——如此就处决了一切有可能跟他争夺继承权的人。这些迅速的清洗，加上他后续的军事行动，令他得以急速稳定手头的权力。至于之后征服东地中海和远征亚洲，已然是如臂使指、水到渠成了。

所以咯，用经济利益搞定军队，迅速解决其他潜在继承人，用明快的军事行动压服潜在不服者，确定正统地位。

甚至英国若干学者相信，亚历山大持续不断的征伐，以及不断纳入新的雇佣兵，甚至解散老兵，都是为了弱化父亲的核心部众——即所谓“国王的伙伴们”——的话语权，并树立自己的威望。越打仗，他威望越高，军队里的老人们就越得听他的。二代们都得靠远征来奠定自己的威望，这也不新鲜哪——赵匡胤的弟弟赵光义就做过了类似的事。

罗马帝国开国的屋大维奥古斯都，也算是继承基业的皇二代。先前恺撒平了庞培，打了七大战役，已为后来者奠定了基业；哪怕恺撒功业垂成，被布鲁图斯们刺杀时，也已到了所谓“恺撒之后，罗马已永无可能重回共和制”的局面，只看接任者是谁了。

屋大维老娘阿提娅是朱利乌斯·恺撒的外甥女。恺撒领养了屋大维，指定其为继承人。恺撒一死，跟恺撒南征北战、讨平过庞培、功勋卓著的安东尼，相比于十八岁的屋大维，地位显然高些。然而屋大维聪明：他先不断强调自己是恺撒正统继承人，再到达罗马，率先发难，斥责安东尼不惩处刺杀恺撒的凶手，先声夺人。他先利用布鲁图斯，削弱安东尼；如此安东尼只得与他结盟，俩人谋求合力干掉政敌布鲁图斯和卡修斯。终于安东尼与屋大维、雷必达一起成立“后三头同盟”。腓力比大战后，布鲁图斯自杀。屋大维剩下的对手，也就是安东尼了。他让安东尼掌管埃及，成为罗马疆域东方的主人，然后指控他要把罗马出卖给埃及艳后克里奥帕特拉。当这项指控成立时，安东尼自然就失去了继承恺撒大统的地位，成了个埃及人。更微妙的是，埃及艳后克里奥帕特拉有一个和恺撒生的儿子，屋大维借罗马与埃及的对立，轻易地使恺撒的这个儿子也成了敌人。此后亚克兴海战过去，安东尼和克里奥帕特拉先后自尽，屋大维占领埃及后第一件事，就是杀死恺撒里昂——从此，他就是恺撒名正言顺的第一继承人了。

亚历山大和屋大维当然是不同的两个人物，但在成为皇二代后，他们的所作所为其实有共同处：拼命抢夺正统地位；给一切潜在继承人挂上反派的帽子，终于杀死一切潜在继承人；利用外部矛盾（亚历山大利用了波斯对希腊的压力，屋大维利用了布鲁图斯和安东尼的矛盾）巩固自身力量；攥紧军权。

甚至他们经历的危险也很类似：亚历山大父母分开时，他一度得跟老妈一起逃走，就为了一旦自己继承人位置不保好避祸；恺撒一死，屋大维的老娘哄他放弃继承权，也是知道这条路注定血迹斑斑，太危险了。

如亚历山大和屋大维这样，属于一帝传一帝，普天之下莫非王土，所以得上台就灭其他继承人，搞大一统。当日窝阔台继承成吉思汗成为蒙古大汗前，拖雷监国一年，后来窝阔台得了天下，拖雷就莫名其妙地死了——话说当日窝阔台生病，巫师大忽悠，说得有家庭成员牺牲，才能治愈窝阔台；拖雷饮下被诅咒的饮料后死亡，窝阔台病霍然痊愈。稍微了解点儿蒙古内部巫师地位的，便晓得这里面猫腻甚多，就差把"巫师鸩杀拖雷"这行字，写进史书了。

话说公元511年法兰克王克洛维驾崩时，按当时传统，四个儿子瓜分其国。四王子克洛泰尔时年十五岁，但野心颇大。他趁二哥克洛多米尔在讨伐勃艮第人时战死，便占了二嫂贡迪奥克，又带着三哥希尔德贝尔，对付二哥的三个儿子——也就是他的那三个侄子——弄死两个侄子，逼走最后一个侄子克劳德；再联合大哥三哥，瓜分了二哥的领地奥尔良王国。又三十一年后，克洛泰尔的大哥早已过世，克洛泰尔干掉了自己的侄孙，吞了兰斯国；又三年后，三哥希尔德贝尔终于去世，克洛泰尔便吞并了巴黎王国——事隔四十七年，终于吞掉自己三位兄长的徒弟，统一了法兰克王国。

这做法其实颇得奥古斯都的精髓——拉一派，打一派，慢慢蚕食。日耳曼人的"父死，儿子们平分其地"制度，导致了诸多皇二代们的互相攻伐；所以有时儿子生得少，反而是好事。公元768年，加洛林王朝创始人丕平驾崩，俩儿子，一个卡洛曼，在苏瓦松登基；一个查理，在努瓦永登基。三年之后，卡洛曼一去世，查理舒舒服服并吞了弟弟的国土——然后就开始当他的查理曼大帝了，这就舒服多了。

欧洲中世纪进入封建领主制后，皇二代们打仗的压力变小了些，但经济和外交压力增大。阿彻·琼斯先生提过一个说法：中世纪打仗，大家流行昂贵的重骑兵，以至于一度只有贵族打得起仗了。骑士们对打，不求砍死，只求落马逮人换赎金。如此打仗需要费思量，更多小贵族都喜欢作壁上观。于是皇二代们很辛苦：赶上父亲强力、自己争气，那么令行禁止，诸领地的伯爵也会乖乖派兵前来效忠，打起仗来也威风；一旦手握兵权不足，则爸爸一旦过世，自己虽有继承人名分，倘若没钱没兵，诸位贵族就会袖手旁观，嘴上唯唯诺诺肯帮忙，实际不出一个兵。

如是，中世纪的欧洲，皇二代们的苦恼就不再是杀兄弟、抢正统，而是让豪强地主都听话，《巴黎圣母院》里写路易十一咬牙切齿，“总有一天全法国只有一个法国，只有一个绞刑架，只有一个上帝”，就是吃了太多封建割据的大亏。到皇帝已经不那么流行的时代里，还是有拿破仑三世这个微妙的例子。当年他叔叔拿破仑·波拿巴一代天骄，虽然在莱比锡和滑铁卢被命运摧折，老死圣赫勒拿岛，但法国人对帝政时代常怀感情，虽然波旁王朝和七月王朝你来我往，大家还是对拿破仑的光荣念念不忘。拿破仑三世——没称帝前叫作夏尔·

路易·拿破仑·波拿巴——两次企图造反，两次未遂；赶着1848年欧洲革命，共和国建立，参选总统，还真当选了。当日他怎么当选的呢？波旁王朝等遗老觉得他不差，“至少不是共产主义者”；资本家觉得他的经济主张有趣；最可爱的是农民阶层对他的支持，理由：“他名字里有拿破仑·波拿巴！”他也确实明白了自己的地位，所以当总统时，自称为“王子总统”——很明显，路易·拿破仑先生，把“拿破仑”这张牌打到了极限。

但仅仅这些，还不足以让他称帝：打从查理一世被英国人民干掉后，大家就知道，国王和皇帝的真正敌人，是议会。1850年，法国议会限制普选权，规定总统任期缩短为三年。路易·拿破仑抓住机会，发动公民表决，让法国的议会名存实亡；1852年的公投里，97%的人支持他称帝，于是他称帝了：拿破仑三世。

虽然最后倒台的方式不太光彩——色当会战被活捉，成全了俾斯麦的梦想，让普鲁士人成为欧洲顶尖强国——但拿破仑三世上台的经历，倒值得一切皇二代借鉴：借着一个好姓氏，靠着法国人对光荣时代的怀念，把“拿破仑”这张牌打到光芒万丈，终于复辟成功。他获得的遗老和农民的支持，让人无法不想到半个世纪后，北京那喜剧般的张勋复辟。事实证明，不只是中国人迷恋着帝国的荣光，经过大革命洗礼的法国人民亦复如此。

这就是皇二代们的典型历程：

在上古时代，他们需要屠杀其他继承人，靠武力和外交权谋干掉一切潜在对手。

在中古时代，他们需要削藩收权，巩固自己的权威。

围绕这一切不变的，是他们的拼爹——亚历山大需要腓力二世，奥古斯都需要恺撒这个姓氏，克洛泰尔需要娶嫂子来确认土地的合法使用权，路易·拿破仑则把拿破仑这个姓氏运用到了极致。

在这些故事里，皇二代进行着另一种拼爹。爹的名字不一定意味着金钱，还意味着威名荣光和继承权——当然也意味着危险与厄运。说到底，我们现在能记住的皇二代，都是玄武门血案的幸存者；而更多的皇二代，比如被亚历山大杀死的兄弟、被奥古斯都处理掉的恺撒利昂、早早死掉成全了查理的卡洛曼们，都只能感叹：做皇二代真是高危职业，成王败寇，莫此为甚啊。

欧洲历史上如何反腐败

要反腐败，当然先得说何谓腐败。

腐败到最后，牟取的是利益；而其开头，都跟权力或职务有关。

或曰：借公权或私权，谋取特定利益，是为腐败。

欧洲历史上，也有腐败。而且他们也反腐败。

有些古希腊人认为，腐败是东方国家专有的事儿。这么说并非扣帽子，概因古希腊人跟波斯人打惯交道了，之后凡承当古希腊一脉的欧洲文明人，都认定东方就是庞大臃肿的大帝国，动不动就能在赫勒斯滂海峡造个浮桥，渡过来三五百万军团、十来万头大象，权臣从中贪污腐败，视人民血肉如蝼蚁。无视公益，就是腐败。

希腊人为什么觉得自己可以不腐败呢？他们自视城邦简约，觉得这样才能保持行政清明，不至于紊乱。

又古希腊人觉得，凡是极权，必出奸佞，所以对僭主制度格外敏感，怕的就是权力导致腐败。

当年雅典大贤人地米斯托克利带领雅典人打出萨拉米海战，预定了之后一个世纪雅典的海上霸权，但雅典人忌惮他有可能要独裁，先是把他贝壳流放，十年不许回雅典；再因为据说他曾给波斯人逃走的机会，于是追逼通缉，直到他自尽：这就有些赶尽杀绝过了头，简直让人感叹民粹过于狠辣了。

这大概是欧洲史上最早的反腐，靠的是希腊制度之下，民众的力量——当然现在看来，有民粹嫌疑。大概当时对一切“可能掌握权力导致腐败”，都过于敏感了。

罗马人自从入了共和，开了元老院，也觉得自己能够避免腐败：多数人的力量，唇枪舌剑的议论，准能够抑制权力制造腐败嘛。

但在击败迦太基、逼死汉尼拔、把希腊人压得差不多、把地中海周边收拾得七七八八后，罗马人也出问题了。

首先问题就出在：他们征服的地区太大啦。

罗马人习惯把征服的远方划作行省，派个谁，比如说元老吧，去行省当总督。这位总督爷基本只管收税、保证治安、管管司法，偶尔搞搞镇压，比如把耶稣钉上十字架。其他方面，各省城市多有市议会，官员自治。这些城市只要如数纳税，表示咱对罗马是服气的——到了罗马帝国时期，还得表示敬拜罗马皇帝——就太平了。

这制度看着自由，问题也很大。既然罗马行省的精华都在收税上，自然税收制度花样翻新，让行省人民头晕目眩。比如有过所谓包税制，好比元老院说“某某省明年应该交税六百万”，哪位爷说“我负责一年收八百万”，又一位先生道“一千万不在话下”，那就让嚷一千万那位去当总督，那位任期也短，自然也得尽量刮尽地皮，收工了事，除了给元老院包一千万，自己中饱私囊，那就不必多提了。

这就是典型的地方领导权力腐败。

到公元前1世纪，因为有行省的哺育，罗马城的公民已经不再纳税，下层人民也开始好逸恶劳。为了养活这一城闲人，罗马元老院也只得敲骨吸髓，把行省人民不当人看待。比如迦太基自从公元前202年扎玛之战败北，一直服服帖帖归罗马支配，但罗马人见迦太基又繁荣起来，便生嫉妒贪鄙之心。元老加图就不断怂恿对迦太基再发动一次战争，仗着德高望重，每次去元老院，不管讨论什么事，收尾时都要祥林嫂似的来一句：

"我认为迦太基必须被毁灭！"

于是公元前149年，加图八十五岁高龄逝世那年，罗马元老院终于被他烦够了，起兵攻打迦太基。三年后，小西庇阿把迦太基夷为平地，收为行省，名叫阿非利加——现在我们用这词称呼非洲。这就是当日罗马的腐败方式：罗马元老院有权力策动战争，于是借着战争发财。他们无休止地发动战争，毁灭周边城市，希腊的科林斯、北非的迦太基、西班牙的努曼提亚，纷纷被抢劫，继之以焚烧，人民被卖为奴隶，财富纷纷被吸入罗马元老院们的私囊，倒霉的是阵亡的士兵、无土地的小农阶层，以及远方被沦为行省的土地上那些从平民变为奴隶的可怜人。

于是终于有一位勇士，打算出来反腐败了。

提比略·格拉古（Tiberius Gracchus）出任保民官。他将"把公有土地重新分配"的提案变成了法案。理所当然，元老院特别讨厌这事儿。于是当格拉古投入竞选，想亲自监督法案执行时，就被暗杀了。

十年后，他的兄弟盖约·格拉古继承其遗志继续努力时，也被刺杀。

这两位反腐的失败，也让罗马人多少明白了：贵族统治也不能免除腐败啊。腐败的上层真敢杀人啊！

公元前111年，罗马民众选举了一位新执政官，用公民总投票，赋予他在非洲的独立指挥权。这位时年四十四岁的盖乌斯·马略，一上台就兴起了一次反腐改革。比较关键的是：首先，先前当兵的琐碎的财产资格限制取消。这就解决了兵源问题。不爱当兵的继续在家不思进取，有冒险精神的小伙子入伍打仗去了。

本来罗马人平时耕地，战时出征。马略规定，士兵入伍，必须服役满十六年。国家给士兵发军饷，退伍后在被征服地区发给土地。如此就让士兵从业余效力变成了职业制，而且酬劳颇高，让当兵的人有了盼头——以前当兵，冒生命危险，为元老院出力；现在当兵领饷，时候虽然长，可是退役了还有土地，多值啊。

以往按年龄划分的青年兵、壮年兵、后备兵，如今重新划分。重装步兵统一为军团士兵，重新划分单位。武器装备由国家统一配给，统一规格样式，免得大家自己再出钱买。

就是这么支军队，让马略纵横无敌。当然，他后来触怒了元老院，一度被迫退休；但他的军队改革，直接影响了此后的罗马历史。

因为于罗马而言，元老院本是个城市议会性质的组织，义务征兵制也是希腊城邦式的制度。但罗马疆界的宏大和元老院的贪欲，让他们日益腐败。军队就是元老院腐败的工具：他们滥用军队征伐，攫取利益，用以自肥。

马略的改革，看似只限于军事，但直接动摇了元老院腐败的基础：罗马有了常备军，而且不再由元老院说了算；民众开始接受军事强人，元老院则失去了绝对的权力，于是也失去了他们谋利的最大工具——这就是一次釜底抽薪式的反腐败。

但这次反腐，也有后续作用：

因为元老院被反腐打击了权力，导致罗马的军权日益集中。马略故去后，他的副将苏拉、苏拉的副将庞培、马略的妻侄恺撒，一个个地成了军事强人。终于半个世纪后，恺撒和庞培决战；终于恺撒的继承人奥古斯都，把罗马推向了帝国制。

哪位说了：到罗马帝国时期，权力集于军团，能避免腐化了吗？

很遗憾，也没有。任何权力掌权久了，必然腐化。

瓦伦斯执政罗马时期，哥特人一度集结在多瑙河边，要求渡河。罗马人对哥特人，既蔑视又怀利用之意——那会儿罗马人早没了恺撒们开疆拓土的精神，一心想借蛮族打蛮族，颇有点儿唐朝借安禄山对付塞外之敌的念头。然而让哥特人渡河，终究是犯踌躇。于是罗马人提条件：哥特人要过河？可以，把所有尚未达到兵役年龄的男孩，都交出来作人质，未渡河前，先把一切武器上缴。

可是罗马军人，腐败到这般地步——只要哥特人把妻女交出来供他们玩乐，兵器也就不没收啦。哥特人就这么含羞忍辱过了河，怀着对罗马人的仇恨，就此在罗马帝国北边扎了根。

熟悉历史的人自然都知道，公元476年，西哥特人灭了罗马——根源就是在这里。

所以啊，军队一旦开始讨价还价地经商了，也就必然腐败了。

公元17世纪，欧洲最腐败的国家，换成了俄罗斯。1682年彼得一世即位时，西欧世界认定俄罗斯是个庞大野蛮的国家，沙皇将国家、土地和人民当作可以随心所欲处置的私产。

于是，就看彼得一世的了。

众所周知，彼得一世也不是什么圣君仁主。他老人家流传下来的无数标准像，都兼具俊美威严和嚣张跋扈之姿。一般史家客气些，会承认此人勇于创新、坚毅果决；西方史家则有不少觉得他是典型的暴君嘴脸：冲动粗鲁、放浪易怒、六亲不认。但只有一点，所有人都公认：此人不知疲倦为何物，好学不倦，一意孤行——最后这一点，在那个时代，还真算个优点。

史家会着重在意他那些细节，比如他喜欢微服私访、亲自去瑞典和西欧看过如何造船、亲自打死了长子、会使罗盘刀剑、会做木工、会亲自给臣子刮大胡子和拔牙，让大臣落得满脸满嘴血，引为笑乐。史家会谈论他1712年迁都彼得堡，和查理十二世累战经年，1721年终于抢到北海出海口的壮举。

但这些，只是背后的故事。

1698年，彼得访问西欧回来，抡起剪刀亲自给臣下们剪胡子，一年后又勒令贵族不许穿旧长袍，须得穿短装，逼迫他们全盘西欧化。

他制定无数细致政令，对各类大小事务规定各类严刑峻法。老百姓犯了错就是罚做苦役、流放；军官犯了错就是剥夺军衔、褫夺官职。彼得不太相信正面情感鼓励，对谆谆教诲似无兴趣。他使的就是残忍的刑罚，这和他性格很难脱开干系——一般传闻，这家伙的最大爱好就是灌醉女伴，外加鞭打罪犯。

以及，他真的下手，严刑峻法地对付大老虎。

早在1714年，监察官涅斯捷罗夫便开始揭发西伯利亚省总督加加林公爵的盗窃国库罪。这指控始终未能成功，因为枢密院办这案子的是多尔格鲁吉公爵，跟加加林公爵关系不差。两位老爵爷互相袒护，理所当然。涅斯捷罗夫也是大胆，三年之后，找到机会，上奏彼得：加加林如何敲诈勒索、中饱私囊、侵吞国库。彼得于是出手，派了个调查委员会：一个贵族枢密院的都没有，全是自己身边出生入死的近卫军侍从。

“你们去西伯利亚查清楚！”

多尔格鲁吉公爵堵不了全西伯利亚人民的嘴，事儿并不难查。近卫军带回了足够的证据。加加林公爵认了罪，求彼得一世，让他去修道院悔罪，度过余生。众所周知，彼得一世就是这么处置他姐姐索菲亚公主的——嗯，就是《鹿鼎记》里跟韦小宝鬼混的那位金发美女了。

可是彼得摇了头。1721年夏天，就在拿到北海出海口的俄罗斯史诗之年，彼得把加加林绞死了。接下来的举措更奇妙：揭发加加林有功的铁面监察官涅斯捷罗夫，也被彼得绞死了。虽然他精明能干、不畏强暴、刚直不阿，但在1718年，他包庇自己的一位下属、雅罗斯拉夫省的一位监察官。落到彼得手里，那就没有容情的余地了——这家伙本来就六亲不认嘛。

涅斯捷罗夫死后第二年，彼得设了枢密院总监察署，当家的是亚古任斯基，时年只有三十九岁，风琴家的儿子，没什么背景，唯一的靠山是彼得自己——这意思简单得很：用来监察腐败状况的，必须是直属官员，只听命于彼得的自己人。这位先生和彼得有段对话，至为意味深长。彼得某天异想天开，又有了个新想法：谁偷的钱够买一条绳子的，就用这条绳子，把他活活绞死——这个刑罚听来很是直观，确实能让预谋犯罪者望而却步，但亚古任斯基道："其实我们谁都是小偷，只不过有人偷得更多、办法更巧妙罢了。"

事实是：哪怕是彼得一世如此推山劈海地大搞改革，也无法根绝腐败。他鞭打绞杀了无数贵族，给自己换上了一批直系官僚，但也无法完全阻止他们腐败。只是比起彼得一世对腐败下狠手之前，效率更高一些罢了。

如果彼得使的手段文明一些、高雅一些，俄罗斯会变得更开明吗？未必。因为他接手的那个国家是如此腐败不堪。臣民保守，官吏腐败，大片地域未经开化，结果他硬生生用同样野蛮的办法，让俄罗斯帝国从北国的冰雪和泥淖里诞生，用一批残忍但高效的官吏，代替了先前腐化的贵族，于是俄罗斯这头白熊开始向西方蠢蠢欲动了。

从马略到彼得一世，我们能看见什么呢？欧洲的腐败与反腐败历程，我们能看到什么呢？

——没有一次反腐败来得容易。因为反腐败的根源，是反权力。说穿了，反腐就是权力与权力的对决。

——马略面对的是罗马元老院的腐败；彼得对贵族的腐败挥动皮鞭和绞索。但归根结底，一切腐败，都来源于权力分配的不均。

——反腐大多容易误伤，以及带来连带后果。但倘若没有这样的非常手段，这样某种程度上的极权，你便无法改变这种状况——

尤其是俄罗斯，若非彼得这样以暴制暴的半流氓手段，怎么能对付积压数百年如淤泥般的腐败？

——从结果来看，反腐成功的国家，效率会提高，但君权会更集中。

所以到最后，还是那句话：

权力的平衡和互相制约，也许才是相对靠谱的方式。

你杀了那么多人，晚上睡得着吗？

“你晚上能睡得着吗？”拿破仑如此问夏尔·亨利·桑松。

夏尔·亨利·桑松家在巴黎，却在少年时被送去鲁昂上学，其中自有原因：十四岁那年，在鲁昂读书的他，被迫退学了，只因为他的父亲到学校来看他，却被另一个学生家长认了出来。

据说那个学生家长面色惨变，找到校方声称：如果桑松继续待在这学校，自家孩子就必须走。

“他的爸爸是桑松！刽子手桑松！！”

不只是他爸爸。桑松一家从17世纪开始，便在巴黎当刽子手，累传六世，祖祖辈辈杀人如麻。每一代家长自然都想过让孩子转行，每一代的孩子——包括夏尔·亨利·桑松自己——都厌恶过这行。

但最后，命运使然，他们总会回到这行来。

夏尔自己，开始是学医药的，但到成年时，养家糊口的压力，让他踏上了行刑台。1757年，十八岁的他帮着同样做这行的叔叔，处决了企图谋杀国王的刺客达米安。干完这趟之后，叔叔退休，据说他赞美自己的侄子：“干脆利落，没让那家伙吃苦头，天生是干这个的料！”

夏尔·亨利·桑松入了这一行，开始发挥自己的天赋。他依然不爱杀人，但处决犯人于他也有个好处：他有权处置部分尸体，而他以前是学医药的，于是他行刑之余的业余爱好之一，是解剖那些他可以处置的尸体，这反过来也有利于他的手艺，使他杀起人来精益求精。

除此之外，他还是个辛勤的园丁，花园被他布置得缤纷多彩，他酷爱调弄草药；他热爱小提琴和大提琴，他的至交好友托比亚斯·施密特，一个德国乐器匠，会时不时给他提供新的乐器。

年将四十岁时，桑松成为巴黎头号刽子手，穿上了象征荣耀的血色斗篷。他为路易十六国王处置了无数犯人，而且面不改色。许多人相信，学过医药的经验对他有利：对其他刽子手而言，杀人毕竟是杀人；但他业余也行医，对他而言，处决犯人和解剖尸体，相去无几。

五十岁那年，命运为桑松带来了生涯的伟大转折。1789 年法国大革命后，王室被推翻，人民需要鲜血来确认自由的安全。之前为路易十六国王杀各色不法分子的桑松，至此必须转过身来，处决王室成员了——以及路易十六自己。

在处决路易十六时，传奇的刽子手的感情前所未有的复杂。他为王室杀人，但从不支持王室；但是，1793 年 1 月 21 日，当他走到路易十六身后时，大概终于意识到自己站在一个空前绝后的位置上。

所以在传说中，桑松忍不住对他要杀的人说了句：“您知道我将终结八百年的历史吗？”

传说路易十六，留下了一句符合国王尊严的遗言：“闭嘴！执行你的工作！”

桑松处决了国王，将王后安托瓦内特留给了他的儿子小亨利：就像三十六年前，他叔叔让他当助手似的。

此前一年，桑松号召过：“我们需要断头台。”他作为业内精英，认真陈述了理由：大革命之后，杀人任务太重，老式的斩首，太累人了；养护斧子和刀具，也很麻烦，犯人一挣扎就容易出意外。

相比而言，断头台简洁、高效又准确，还能让犯人少受痛苦。他推荐了一个制作断头台的大师：他的好朋友托比亚斯·施密特。当年的乐器匠人，现在开始制作杀人工具。

顺便说说断头台。

现代意义上的断头台 Guillotine，是法国人发明的，而且这名字，是以倡导断头台处刑的法国人约瑟夫-伊尼亚斯·吉约丹（Joseph-Ignace Guillotin）命名的。

我们说斩首可怕，但在古代欧洲，斩首是贵族才能享有的特权。因为够快，一刀了事，痛苦不多。给个痛快的。

如果要恶心你，折磨你，那就绞刑了。可以勒一下松一下，折腾你很久。看过《勇敢的心》的诸位，一定有印象：梅尔·吉布森扮的华莱士，就是先被绞了，再要被开膛剖肚地折磨。但他在痛苦之余，依然大吼一声“自由！”于是执刑官震撼了，心软了，对刽子手使个眼色：杀吧。给他个痛快。

在中世纪，平民百姓土匪鼠辈和叛国者，多是绞刑。贵族才享受斩首，一刀的事。日本人讲武士道精神，要充硬汉子，武士死时都尽量剖腹。但剖腹死太慢太痛苦了，所以都委托人剖完肚子给自己斩个首，来个痛快的，是为介错。

且说法国人 1789 年大革命，攻占巴士底，开始要平等了。当时有人攻进巴士底后，就把狱卒绞死了。法国医生约瑟夫 - 伊尼亚斯 · 吉约丹先生倡导说：不要搞得太残酷，不要用锤刑、桩刑那类变态玩意。死刑应由一个简单高效的装置来执行。斩首不该再是贵族的特权，死刑应该尽可能不痛苦。

于是安托万 · 路易先生发明了新式断头台。1792 年 4 月 25 日，新式断头台开始启用。

于是我们熟悉的，“法国大革命，遍地断头台”时代到来。桑松亲手干掉了路易十六，然后用断头台解决了丹东、罗伯斯庇尔这些非凡的名字。一般认为，1789 年 7 月 14 日到 1796 年 10 月 21 日之间，他前后砍下了 2918 个人头。1795 年他五十六岁那年，儿子小亨利继承了他的行当；他又给儿子当了一年多助理，确认儿子可以尽职尽责、杀人不眨眼之后，才正式退休。他在十一年后逝世。他的儿子小亨利接替他的职位。

“你晚上能睡得着吗？”拿破仑如此问夏尔 · 亨利 · 桑松。

当时已经退休的老桑松，看着皇帝拿破仑。

他砍下过的人头数以千计，他亲手终结过八百年的王朝，他砍下的头颅堆在一起，就是一本历史书。在法国大革命期间，他本身成了一个传奇、一个工具。所有人都畏惧他，背地里诅咒他。

据说他如此回答拿破仑：“如果皇帝、国王和独裁者们晚上都能睡踏实，一个刽子手，又怎么会睡不着呢？”

欧美作品里，怎么都爱联军对抗异族呢？

爱看西方电影的诸位，一定会发现，沾点儿历史背景的欧美传奇，哪怕是奇幻背景，都必然有这么个戏码：联军对抗外来异族。

《权力的游戏》，维斯特洛大陆自相残杀许久后，各方势力最后捐弃前嫌，携手并肩，去对付长城外的异鬼大军了。主角团的使命，那就是斡旋、沟通、协调，一起去打坏人。

《指环王》系列里，阿拉贡所做的，也就是这个：协调各方势力，对抗半兽人军团和魔多大军。

《斯巴达三百勇士》里，斯巴达王列奥尼达所做的，也就是这个：带着勇士们，对抗东方来的波斯大军。

欧美战争题材影视剧，多有这个倾向：敌人滚滚而来，大军压境；正派势单力孤，于是奔走会盟，最后，当然是得道多助失道寡助，团结的一方击败对手。在携手并肩的过程中，大家的龃龉也消了，甚至还能跨种族合作呢——比如，《变形金刚》系列，汽车人还拉着人类，一起斗霸天虎。

这点“大家联手打魔王”的心思，如果追根溯源，跟欧洲历史有关。

且说《斯巴达三百勇士》，讲述的是希腊与波斯的战争。在当时希腊人眼里，自己是文明的西方城邦，波斯人则是庞大的东方帝国；自己是协同作战的自由人，对手则是亚洲来的蛮族。

希腊罗马人还习惯吹嘘东方来的战斗力如何庞大，公元前484年波斯远征希腊时，希腊历史之父希罗多德说，对方来的有2641610人——两百多万波斯军人，稍有军事知识的人都知道不可能。但这就是当日希腊人的观感了：

——大帝国席卷而来，我们只有携手并肩，才能解决！

——雅典与斯巴达，包括希腊联军，必须携手作战！

希腊内部的联盟，微妙到何种程度呢？著名的萨拉米海战前，希腊这边的斯巴达人本准备放弃决战；于是雅典的当家地米斯托克利就威胁联军盟主、斯巴达的另一位当家（斯巴达一般同时有两位当家，其中一位是列奥尼达）：你不决战，我们雅典人就撤走，不管希腊了，大不了我们跑去意大利！

——您看，都用撂挑子来逼盟友出战了。

为了逼迫希腊诸将下决心，传说地米斯托克利甚至写信给敌人波斯王薛西斯一世（Xerxes），说希腊人会逃走；薛西斯包围了希腊舰队后，地米斯托克利才告知全军，“我们被包围了，只有决战”。于是希腊诸将才真正被拧成一股绳，去咬牙切齿、跟波斯人决战了。

——您看，都得靠卖自己情报来逼盟友和好了。

这大概是欧洲历史上，第一次所谓，西方文明抵抗东方大帝国入侵的故事——然而这只是个开始。

公元451年，号称“上帝之鞭”、祸害欧洲、杀人如麻的匈奴王阿提拉，不知道两年之后，他老人家就要死在洞房花烛夜（洞房夜忽然流鼻血而死），只顾引着大军，满欧洲去开拓牧场。

他老人家分军三路，通过比利时高卢，一路烧杀抢掠，兰斯、梅斯、康布雷这些城市，所过皆墟，然后终于围攻了奥尔良。当时欧洲人对这个东方草原来的游牧蛮族心存恐惧。阿提拉围攻奥尔良时，西欧只有这么一座大城市还保留所谓西方文明了。结果在 6 月 14 日上午，一个奥尔良士兵在瞭望塔上，望见了西罗马军团的埃提乌斯和西哥特的迪奥多里克一世（Theodoric I），看到了西罗马军团的飞鹰旗与西哥特人的绣旗——援军来了。

听上去，是不是有点儿像《魔戒》第三部里，阿拉贡和洛汗国驰援刚铎，击退半兽人军团呢？

哦对了，另一件事：

历史上，西罗马帝国皇帝瓦伦提尼安三世，有位姐姐叫霍诺利亚（Justa Grata Honoria）。这位王姐公主因为跟一个侍卫长私通，与家里闹不和，就派人给阿提拉送了个戒指，要阿提拉娶她为妻。这事儿后来逶迤引发了匈奴与罗马的仇恨，终于到了后来引发如上所述的沙隆会战。

看过《权力的游戏》的诸位：如果把这里的霍诺利亚换成龙母，阿提拉换成卓戈，听起来是不是很耳熟呢？

之后世情变易，欧洲人心目中的东方大敌，也就成了阿拉伯人。君士坦丁堡在 1453 年被土耳其人攻陷变成伊斯坦布尔之前，一直是欧洲人心目中，抵抗异族的东方大盾——仿佛《权力的游戏》中的长城。基督教组织的十字军东征，说白了，也就是中世纪基督教诸侯联军，跑去东方打打杀杀一番。

因为“联军组队刷东方帝国”已成传统，所以1453年君士坦丁堡被围攻时，热那亚人、威尼斯人、罗马人各色人等来帮忙的热心斗士并不少；而君士坦丁堡被攻破时，基督教世界陷入巨大的悲哀之中，觉得马上要被庞大的土耳其奥斯曼给吞并了——就像雪诺们觉得，异鬼马上要把人类都给干掉了似的。

所以才有1571年著名的勒班陀海战：威尼斯共和国、西班牙帝国、热那亚共和国、教宗国、托斯卡纳大公国、萨伏依公国、乌尔比诺公国……这些欧洲大大小小的势力，又组了个联盟，一起去对抗奥斯曼。带头的是西班牙王弟奥地利的唐胡安（Don Juan de Austria）。因为是联盟，所以当然又有是非：就在开战前几天，威尼斯主将赛巴斯提阿诺·维涅尔（Sebastiano Venier）的船上，西班牙人和威尼斯人吵起来，引发斗殴，死了人；维涅尔处死了几个西班牙人立威，唐胡安大怒，眼看联盟要崩溃，教皇派来的副将马尔坎托尼奥·科罗纳赶紧交涉，把事儿平了——但从此之后，唐胡安不再跟维涅尔说话，发号施令也由另一员将领转达。听着跟小孩斗气似的。

好在这一战最后赢了，是所谓基督教世界联军对土耳其的第一次大胜。于是不免又产生各色油画传奇，庆祝基督教世界同仇敌忾，对抗了东方大帝国。

又一百年后，著名的维也纳会战，是所谓神圣联盟VS奥斯曼帝国。神圣联盟包括波兰立陶宛联邦、奥地利、萨克森、巴伐利亚、法兰克尼亚、士瓦本、哥萨克……这一战击退奥斯曼后，是所谓奥斯曼帝国由盛转衰之战。从此奥斯曼无力再向欧洲扩张。当然了，又是基督徒们的胜利、东方大帝国的失败。

这一战还有个趣事：当时有位亚美尼亚人，叫作约翰内斯·迪奥达托（Johannes Diodato），他精通欧洲语言和土耳其语，于是在1683年奥斯曼大军袭来时，他老实不客气，在维也纳开起了自己的咖啡馆。他给奥地利军队担当翻译，同时胆大包天地在战争期间从事咖啡贸易。两年后，奥斯曼大军败北，维也纳宫廷给了迪奥达一个帝国内的独家专营咖啡权。这是个大便宜，但想想看：人家可是脑袋挂在裤腰带上，豁出性命在卖咖啡呢！

基本上，那也是中欧世界最早的咖啡馆之一了。

所以啦，历史上，欧洲人总是这么担惊受怕的：公元前，希腊人一直没统一，小城邦对抗东方；中世纪，他们自己一直分着，很少形成统一大国，所以总觉得，来个东方大势力自己就有麻烦。在欧洲人历史上，波斯、匈奴、塞尔柱土耳其人以及一度打到波兰的蒙古人……虽然形象各异，但基本上，西欧世界虚构或非虚构作品里，描绘的异族都差不多：

带有游牧民族气息；形象可怖（异鬼、半兽人、波斯大军）、铺天盖地、服从于某个魔王、野蛮、残忍、恐怖……

我们可以说，这是欧美文明里，长久的历史恐惧。投射到电影与电视剧里，便是如此：西欧世界大多被描述得小邦自立，各行其是，但无法独自对抗东方大帝国；当东方帝国侵来时，大家就要联合起来打异鬼、打半兽人、打波斯人、打匈奴……

从深层次来讲，这大概是，历史上，西欧基督教世界，或欧美自诩的文明世界，真的被东方来的帝国，给折磨怕了吧？

也因此，欧美剧里喜欢描述的英雄，往往不是最能打的那位，而是能够捐弃前嫌、统合众心、协调各方利益的人物——当年西班牙的王弟唐胡安领基督教舰队，向奥斯曼舰队前进，打算掀起勒班陀海战时，一边跟威尼斯那边的老大赛巴斯蒂安·维涅尔争吵，一度俩人拒绝面对面谈话，需要靠中间人传话来指挥战争（跟小孩斗气似的），一边也得私下里安抚鼓励诸将：再怎么吵，我们都是基督教联军，所以，“我们才是一边的！！”

辑四

时用则知物

曾经有个年代，达官贵人不敢纳妾

《世说新语》里，有个让原配夫人扬眉吐气的段子。说大权臣桓温，娶了李势的女儿为妾。桓太太霸道惯了，拿了刀子，要去杀狐狸精；真见了李夫人，感叹其风度温婉，抛刀抱住："阿子，我见犹怜，何况老奴！"

——我看了你都喜欢，何况那老混蛋！

倒是个好喜剧。原配也逞了威风，妾侍也抖擞了美貌。只可惜，历代类此的故事，并不多。

而桓太太可以这么威风，也不纯因为桓温多敬爱老婆，而在于：桓太太她，乃是南康长公主。公主的威风，那自然要大一些。

众所周知，古代许多男性饱暖思淫欲，喜欢将 DNA 四处传播。体现在婚姻关系上，就是对婚姻不忠诚。但偶尔也有些情况，能收拾住男性。

《北齐书》里有个好玩儿的细节，说北齐百官，大多一夫一妻，不纳妾。是大家思想觉悟高吗？未必。原因是："将相多尚公主，王侯喜娶后族，无妾无媵，已成风习。"

官员们大多娶了公主，公主醋劲儿大，老公就没法纳妾啦！当然，那会儿北齐习俗确实也倾向女性：南北朝时，北方贵族许多不是汉人，父母嫁女儿都不失剽悍，教导女儿要善妒，懂得跟丈夫争风吃醋，不让须眉。

但根子上，我们都懂：

让男性不敢纳妾的，不是老婆多么善妒，而是公主的身份。

公主的身份有多厉害呢？三国时，夏侯渊侄子夏侯尚，论亲贵，是夏侯氏之子，又与曹丕少年好友；论地位，荆州牧，相当于现在湖北省委书记。曹丕甚至给了他“作威作福、杀人活人”的权力，闹得蒋济都劝曹丕：这样的恩宠，太过啦。

可是夏侯尚的夫人，是魏国宗室德阳乡主，曹丕的远房妹妹。夏侯尚别有宠幸的爱妾，冷落夫人。德阳乡主去找曹丕哭，曹丕派人去把夏侯尚的爱妾杀了——简直岂有此理。夏侯尚却是个情深之人，葬了爱妾后，神思恍惚，又去上坟、挖墓、抱尸痛哭，悲剧的始作俑者曹丕听了，虽然难过，却追忆杜袭的话，说了“杜袭看不起夏侯尚，是有道理的！”一年后，夏侯尚过世。曹丕也难过，也流泪，却似乎没意识到，他的任性，才是悲剧的主因。

所以了：娶了公主，你还敢随便纳妾么？自然不敢了。

说穿了，是权力吓唬住了男性，让他们不敢动弹。

能保证男性忠诚的，还有一个法子。

母系氏族社会，众所周知，女性为尊。据说在那个时代，某些当家的女性岂止不让男人纳妾，自己还能跟武则天似的，收罗男性后宫哩！一般说法认为，母性氏族成因，除了生殖崇拜，还有一个因素：男性渔猎，效率颇低；女性采集，资源丰满；男性渔猎不着、又逢冬季时，有求于女性囤积的资源，女性自然可以得其所哉。

所以是这个道理，要让男性尊重配偶，历史上看来，除了真爱，也无非这两个法子：权力的压迫，经济的压力。

权力压迫危及生命，经济压力危及温饱。唯这两点，能让桓温们胆战心惊。毕竟饱暖思淫欲，不饱不暖了，还想什么淫欲呢？

如上所述，历史证明，男女要真正平等，尤其是男性忠于女性配偶，单靠规劝或感化，效率不高。

要让男性承认女性的平等地位，权力和经济是最有用的。权力如今是不能多说的了，毕竟无法凭空给女性们公主般生杀予夺的权力，"你敢找二奶信不信本宫立刻将你推出午门斩首"。

那么只好从经济平等上想法子。

本文如果有什么主旨，也无非说这么点儿事实：

如何达成男女平等呢？许多女孩子，相信了长一辈阿姨大婶的话，觉得用各色手段，让男性将自己宠着捧着，或是让自己如化妆品广告里那样美，才能够安全，其实大大未必。

历史的教训证明，保持男性忠诚的，除了爱情的感化，还有权力与经济。所以除了经营爱情之外，保证两性经济地位的平等，才是关键。女性要争取在男女关系中的地位，也得从经济平等上开始争取。

在购买力约等于权力的时代，一个自信自立，拥有了经济独立的女孩子，才能让桓温们敬服老实——而非靠别的那些小手段。同理，一个社会要营造真正的男女平等，除了鼓吹双方彼此关爱忍让这种精神因素外，还得从保证男女经济平等上来着手——而不能指望所谓女德女则女诫女训之类的手段。

就像北齐那些父母教女儿所谓婚后善妒之类的套路，其实得有个前提：你不是掌权的公主，没有权力或经济做保证，那撒娇卖俏耍手段，也没啥鸟用。只有保证女性的经济独立和权利平等，才有真正的独立人格和性别平等。别的玩意儿，都是大忽悠、开倒车。

古代的男风

好男风这事，在中国古已有之。但是古代人对这种事，缺乏尊重，很少有对等关系的同性恋伴侣被记载。所以故事的伴侣，通常是某位贵人，配一位男宠/娈童。

纪晓岚《阅微草堂笔记》里头说“杂说娈童始黄帝”，认为上古就有娈童之好了。春秋时卫灵公有男宠弥子瑕，恩爱非常，弥子瑕吃了个桃觉得好，留一半给卫灵公，都让人感动——这叫作分桃。后来汉哀帝为了不打扰他家男宠董贤睡觉，划拉掉半截袖子，叫作断袖：这两个例子合称分桃断袖，算个成语了。其他如魏王家那位龙阳君、清初偷窥巡按屁股被处死的胡天保——也就是兔儿爷，凑在一起，就算是男风代言人了。

《史记·佞幸列传第六十五》，很直白地讨论过若干位男宠。司马迁开篇就说：“谚曰‘力田不如逢年，善仕不如遇合’，固无虚言。非独女以色媚，而士宦亦有之。”——非只女子靠美色来媚好上头，仕宦也有啊。然后就一一点名了：

汉文帝家的邓通，因为受宠而致富。一千多年后，阳谷县的王婆跟西门庆念叨“潘驴邓小闲”，邓就是邓通了。因为跟汉文帝相好，获得铸钱权，钱多得花不完。可怜他太得宠，得罪了汉景帝，临了被责令随身不许带钱，最多能接受长公主给的衣食。文景之治从来被称为清正，唯独在这男宠的事上，父子都糊涂了一下子。

汉武帝家的韩嫣与李延年。韩嫣是“常与上卧起”，算是为汉武帝暖床了。李延年是跟司马迁类似地挨了一刀，但脑筋活络，仗着有漂亮妹妹，也是“与上卧起，甚贵幸”，汉武帝睡觉真是忙得很。

也不是每个喜好男风的，都养得起娈童，于是有男娼。南北朝时的建康，六朝金粉，宋齐梁陈南朝风云时，有些文人就爱把美少年比作菖蒲花。

但这事儿在中国古代，并不太能光明正大。李世民太子李承乾跟爸爸闹翻的缘由之一，就是因为爸爸杀了他男宠。《旧唐书》说：“有太常乐人年十余岁，美姿容，善歌舞，承乾特加宠幸，号曰称心。太宗知而大怒，收称心杀之，坐称心死者又数人。”

故此传统观念里，娈童依然是不合法的伴侣，是皇室丑事。私下里有，可以；但到底是不合法理的。

两宋时节，汴梁和临安也有男妓。值得一提的是，这时候的男妓，起的多半类似于女人名字，莺莺燕燕。也有男子自我定位准确，直接卖身，所谓“至于男子举体自贷，进退怡然”。这事儿一度是半合法的，后来政和年间，宋徽宗只许自己去嫖李师师，不许大家去找男娼，规定“男为娼，杖一百，告者赏钱五十贯”，五十贯钱，《水浒传》里，这笔钱都能在黄泥冈买十担酒喝啦。

还是《水浒传》里，有这么个细节：石秀杀了裴如海，把他尸首衣服剥了，与一个道人的尸首，一起赤身裸体搁在后巷。办案的就禀告知府说：“眼见得这和尚裸形赤体，必是和那头陀干甚不公不法的事，互相杀死。”

话说得很隐约，意思却也到位了：强调和尚和头陀没穿衣服，“干不公不法的事”。说明那时候民间觉得，两个男人赤身裸体，就必然是做“不公不法的事”，但不愿意细说。

明朝之后，娈童的流行变得更公开了。仕宦或富贵人家，许多养童子，做什么用呢？李渔极口夸自己家两位童子很美貌，就是他的男宠。《金瓶梅》里，西门庆就有个书童，在书房里乱来。那书童“口噙香茶桂花饼，身上薰的喷鼻香”，很脂粉气。

《红楼梦》里更是猖狂：贾宝玉跟秦钟小小年纪就情投意合，贾宝玉们闹学一折里，小孩子都有这么露骨的话：

> 金荣只一口咬定说：“方才明明的撞见他两个在后院子里亲嘴摸屁股，一对一，撅草棍儿抽长短，谁长谁先干。”

这里有个很明显的倾向：中国古代好男风的那些位，大多也兼好女色。而且他们好的男宠，其实也很女性化。

因为中国古代，其实并没有如今日那么严格的“同性恋”这一想法，包括审美上亦是。对大多数人而言，好男风找娈童，更多是种猎奇的性癖好。娈童们很凄凉：他们许多时候并不是对等的同性恋伴侣，而是妓女的男性版，是玩物。所以在明面上从未被提倡，在私下里从未被禁绝。只要不影响不孝有三无后为大，那么老爷养个娈童，跟纳个妾也没什么区别。

学者沈德福认为，1429 年宣德皇帝规定的禁娼令，引发了巨大后果：官员不能找妓女，于是转而祸害男娼了，娈童之风于是大盛。当时对美童子的喜爱，流传很广。

甚至太平天国起义期间，因为对男女大防很谨严，所以诸王身边，都有好看的童子。比如，僧格林沁捉住太平军北伐大将李开芳后，情景如是："（僧王）单令开芳进见。开芳戴黄绸绣花帽，穿月白袖短袄，红裤红鞋，约三十二三岁。伺候两童约十六七岁，穿大红绣花衣裤，红鞋，美如女子；左右挥扇，随开芳直入帐中。"

这两位"美如女子"的童子是做什么的呢？不能细想。

题外话，日本也一度盛行此风。比如16世纪中前期，大诸侯关东之虎武田信玄，在男女问题上一贯乱七八糟，近侍里就有春日大隈之子春日源助，也就是后来的名将高坂昌信。这二位的感情，有信玄的一封道歉书为证。天文十五年（即公元1546年）七月五日，信玄手书，大概意思：我以前勾引弥七郎，他总是推三阻四，我以前没叫弥七郎陪睡过，今晚不知怎么他就睡在这里了；我如果再想其他各种方法讨好你，你反而怀疑，所以我就不多说啦。这事我如果说谎，就让一二三大明神、山神、大菩萨们都来惩罚我吧！——这份保证书，赌咒发誓，着实诚恳得让人可怜呢。

按《宁固斋谈丛》，另一个传说是这样的：

出云国的松江城主堀尾忠晴十六七岁时俊美无比，大他六岁的加贺百万石大名前田利常对他倾心不已，于是安排了一场五人夜宴，三位陪臣中间很识趣地遁走，前田利常就笨嘴拙舌地跟堀尾忠晴聊起了月亮，堀尾忠晴一脸不爱听的样子，扬长而去，前田利常只觉得天旋地转，坐卧难安，大有今日男孩子"我说了不该说的话，搞砸了"

之慨叹。嗣后不久，忠晴传了信来：要择日拜访利常，表达被宴请的谢意。利常于是大兴土木，专门造了迎宾室屋，眼巴巴望眼欲穿，等人家来。到了当日，来的不是忠晴，而是使者："家主重病，无法践约。"利常大失所望，气急败坏，黯然神伤，踢狗骂鸡，拿家里人撒气。黄昏时分，听说使者又来了，"必须面见大人"。利常翻身起床，不衫不履，光着脚直冲玄关，一路骂家臣"不许拦着我！"冲到门前，嚷："使者何在？"那使者一抬斗笠：原来就是忠晴本人：

"在这儿！"

好吧，到此为止，算是个很甜蜜的故事，不是吗？

乾隆年间，一度把男风这事儿当作有伤风化论罪，算是第一次把模模糊糊的男风问题给明确化了，但上有政策下有对策，郑板桥就因为某男屁股好看，不舍得治罪打他的屁股；袁枚《子不语》里公开聊男风故事；士绅官员们还是照旧。清末民初捧角儿，军阀包占一些旦角儿的事情，大家也是睁一只眼闭一只眼，《霸王别姬》里程蝶衣被袁四爷占了便宜的事儿，那时并不鲜见。在老百姓眼里，这事儿就是伤风败俗有伤风化的，在老北京，"兔儿爷"就是被人看不起；而在达官贵人那里，这就是玩儿，与嫖妓并无区别。

当然，时代昌明科学进步，到现在，同性恋的概念逐渐被世界明白，了解、宽容与支持的声音也响亮起来，但这其实，还是有别于中国古代的男风。因为如上所述，中国古代诸位男风爱好者，也许并没有清晰的同性恋概念：他们大多数只是把男性伴侣，那些童子、男宠或男妓，当作妓女的变体而已。

中国古典小说，是同性恋而又显得较纯粹的，大概只有《儒林外史》里的杜慎卿。当日他和季苇萧聊天，季如是说："这人生得飘逸风流，确又是个男美，不是像个妇人。我最恼人称赞美男子，动不动说像个女人，这最可笑。如果要像女人，不如去看女人了。天下原另有一种男美，只是人不知道。"杜慎卿对这话引为知己。虽然季当时有开玩笑的口吻，却是中国古代少见的，并不把同性对象当作女人谈论：多多少少，这算是对另一种性向的真诚尊重了。

容貌与身高

人要以貌取人，总能找到借口。

本来，“相由心生”这词，出自佛经。何谓相？诸法体状，是谓相也。就是说，一切有为法，都算相，这算常识。然而硬生生地，被以貌取人的诸位，扭成了相貌的意思。仿佛一个人心灵丑陋，会见于相貌；反过来，相貌猥琐，也可见证心灵。可惜了佛家妙语，被凭空拉大旗做虎皮了。

又，“以貌取人”这词，是孔圣人说的。“以貌取人，失之子羽”，圣人以此自悔。

所以啦，以貌取人的行为，佛家和儒家，聪慧的释迦牟尼和博学的孔老夫子，都不赞成。

历史上以貌取人，最有名的一篇文章，是传为苏辙所作的《辨奸论》。他老人家当时要抨击王安石，认为王安石不修边幅，不近人情。所谓“囚首丧面，而谈诗书”，不对劲，定是个伪君子。这就是从仪表衣着来做文章了，听着也有道理：容貌也许不能说明一切，但衣着做派端端正正，总看得出教养了吧？

问题是：比如魏晋风度那时候，嵇康阮籍那一流，都是不修边幅之辈，恐怕也不能说他们没学问。米开朗琪罗中年之后自己嫌自己丑陋，贝多芬一向自觉不好看，似乎也不足以说明问题吧？

马龙·白兰度。早年他老人家帅气性感，好莱坞史上屈指可数的神级容颜；中年颓唐，面颊松垂，实在不能算好看了，但《教父》里面的气度影史留名。这里的矛盾是：年轻时好看过的人，许多便不会太在意自己之后好看不好看了——想想莱昂纳多·迪卡普里奥好了。

而且："帅哥都是好人，坏人大多面目狰狞"——其实也不算靠谱。

东条英机先生年轻时，生得算是容貌潇洒；犹太人的刽子手阿道夫·艾希曼长得也不算差。举凡著名的杀人魔王，看看照片，没几个青面獠牙、邪恶写在脸上的。

一个人作为个体，再怎么邪恶，如果不握有权力或地位，能做的恶，也着实有限。比如现代的连环杀人魔，能杀掉十几个人而逍遥法外，就算他善于隐藏了。历史上，翻手之间毒害天下的家伙，所用的武器，一般不是亲自动手，而是权势。所以真正能做出大奸大恶之行的人，必然身居高位。希特勒作恶的效率，比一个普通连环杀手要高多了。

而得以身居高位的人，若非投胎投得好，便是自有其长处——提拔他们的人，又不是瞎子。

大家概念里，许多奸佞之人，都是靠巧言令色上位的；其实，何尝不是因为他们容貌中看，谈吐得宜，才能得宠？尤其是上古之世，尤其以貌取人；长得不好看，连奸臣都当不了。

明末杀人大王张献忠，少时要被斩首，陈洪范看他容貌出群，留他一条命。后来做了什么，就不多提了。

中国史上首席贪污犯和珅，在历史上，也是好相貌——反过来，如果他真像王刚老师演的，动不动一脸奸笑……乾隆也未必多喜欢他。

大奸大恶，也得是出人头地的家伙，等闲阡陌做不了大恶人；而要出人头地，必有过人之处；概率上而言，相当多数大恶人，容貌是至少有可观处的，不少还是大帅哥。所以恶人有照片传世，很容易哄得许多人啧啧感叹："哎呀虽然是坏蛋，居然长这么帅。"这里就有个细节作祟：对许多恶人而言，长得帅，也是他们得以掌权、得以作恶的工具。

所以啦，自古恶人里，长得好看的应该远比长得难看的要多。至于将容貌美丑强行归为"相由心生"，以此来定高下的：无他，人要以貌取人，总能找到借口。

实际上，古代决定你命运的，不只是容貌，还有身高。

在户口账簿还比较不明确的时候，身高决定你的年纪，甚至，决定你的判罪。

《睡虎地秦墓竹简》里有一条，大概是这个意思：

比方说，张佳玮偷了牛，当时六尺高，算未成年；关了一年，长到六尺七寸了，就派去戍边。

大概在秦朝，十五岁六尺高，二十岁七尺高，是有一定标准的。

在冷兵器时代，如果你上阵打仗，那身高就决定你的体格，也决定你的战斗力。当然有极少数例外，但我们知道：大多数的武大郎，那是打不过蒋门神的。

比方说吧，在宋朝，身高就关系到你能不能在武事上出人头地。宋仁宗朝，五尺八寸以上方能入选禁军。而看《水浒传》的都知道，宋朝禁军的待遇，远在厢军之上。

接近热兵器时代了，身高也能决定你的前途。18世纪，普鲁士的腓特烈一世，有个诡异之极的爱好：巨人掷弹兵团。

他专门收集高个子来凑成这个兵团。后期走火入魔，开始派人在全欧洲各地收罗巨人，以及高个子女人，好与巨人交配后，生出高个子，来完善他的巨人掷弹兵团。传说有个被他捉来的挪威人，身高二百六十八厘米。

于是当时，连意大利乡村马戏团，都得把自己表演用的巨人用铁链拴住，以免被哪个普鲁士探子过来，三下两下，把巨人哄走了。

所以说，到现代，你的身高一般只决定你是否适合参加某项运动、是否有异性缘，已经算很给面子了。在古代，身高歧视论、身高决定命运论，是实打实的硬性规定。在古代，矮个子就是容易倒霉。赵武灵王当年，化装成使臣去看秦昭王，昭王一看他那样子，就判断出他不是使臣，而是人君——因为在古代，连公务员身高，那都有细致的划分呢。

真是身高高一点儿，命运大不同。

美人们的好身材

在被现代审美观念荼毒之前，中国古人喜欢怎样身材的美人呢？

楚王好细腰，宫中多饿死——这句诗，其实想当然了。

《墨子·兼爱中》的原文是："昔者楚灵王好士细腰，故灵王之臣皆以一饭为节，胁息然后带，扶墙然后起。比期年，朝有黧黑之色。"

——楚灵王喜欢自己的臣子细腰，而不是要求妃子们细腰；臣子们于是每天吃一顿饭、束紧腰带、扶着墙站起来。结果大家脸色都不好看了。

这意思很明白：要瘦，气色必然差劲。中国古人很重视容色皎然雪白、肌肤如冰雪。绝食不吃，显然无法满足这一点。

宋玉写《神女赋》，曹植写《洛神赋》，都是幻想女神的模样。宋玉所谓"秾不短，纤不长"，曹植也同意："秾纤得衷，修短合度"——长短胖瘦要得宜。在身材匀称的基础上，曹植多说了一句："肩若削成，腰如约素。延颈秀项，皓质呈露。"

削肩膀，细腰，长脖子。

大概曹植喜欢骨架小小、身体纤长的女孩子。

但到唐朝，仕女图中的诸位姑娘似乎都不是这身材。说来也不奇怪：隋唐贵族都跟北朝有关，不那么讲究轻妙婉转，审美更在意丰硕华美。

杜甫《丽人行》说话："肌理细腻骨肉匀。"——肌肤细腻，骨肉停匀。

白居易《长恨歌》也来了："温泉水滑洗凝脂。"——肌肤如果是凝脂了，第一光滑白嫩，第二不可能太瘦。

即，唐朝人在意肌肤质地，有点儿皮下脂肪，没关系。

话说，中国名美人，多在宋以前。因为宋朝之后理学大盛，江山美人之类是政治不正确。但唐以前，杨贵妃、虞姬、貂蝉、西施、昭君、赵飞燕……传奇颇多呢。

她们的共同特点？美女。

以及赵飞燕善做掌中舞；貂蝉是董卓宴前舞蹈过；虞姬是项羽唱歌她跟着舞；杨贵妃是出了名的"犹似霓裳羽衣舞"。

——美人似乎都擅长跳舞。

哪位会好奇了：为什么呢？如果君王贵族是舞蹈爱好者，找个专门的舞蹈演员就好了；何必非得找会跳舞的女孩子拉上床榻呢？

——是不是因为……会跳舞的姑娘们身材好，君王贵族们喜欢呢？

中国古典舞蹈，并不全是柔靡万端的；而且跳过舞的诸位自然知道，即便跳轻柔曼舞，也需要极好的肌肉力量；中国古典舞对腰，对腿，对柔韧性的要求，尤其刁钻。

这大概，就是中国古代审美了：不要求女子多瘦——干枯瘦弱，那是跳不好舞的——最好是骨肉停匀，肌肤细腻，健美、潇洒、能跳能舞，仪态与运动能力都好。

至于宋朝理学大盛，流行起病恹恹裹了脚的审美，那是后来的事了。

《红楼梦》里有个好玩儿的细节。虽然众所周知，林黛玉是女主角，但喜欢她的，主要是贾宝玉，还是精神恋爱；但贾宝玉看了薛宝钗骨肉停匀一弯藕似的臂膀，也发过呆。贾琏跟多姑娘私通，说多姑娘的特技是："有天生的奇趣，一经男子挨身，便觉遍体筋骨瘫软，使男子如卧锦上。"

著名风流才子李渔则这么说："那中用的美人又是另一种，也有三宜。哪三宜？宜肥不宜瘦，宜大不宜小，宜强健不宜娇却。"

——所以了，即便是流行娇怯怯、风吹得倒美人的古代，懂行的人，依然是喜欢健美型女子的。

欧洲人在这方面，也明白得很。美如维纳斯，那是一点儿也不瘦。后来提香、布歇、鲁本斯、安格尔们笔下的姑娘，那是一个赛一个骨肉停匀有肉。说是痴肥倒未必，但夭矫健壮，那是逃不了的。

这里有个小秘密，是这样的。

德斯蒙德·莫利斯先生的《裸猿》里认为，男性喜欢女性的胸部，倒并非贪图胸部本身。胸部在男性那里，是臀部的投射。而臀部代表性爱。自从世上有遮羞装束之后，男人也并不能常常见到异性翘臀，于是看美胸而幻想翘臀。就是说，男人们爱胸部，是对爱臀部的投影。好莱坞也明白这一点：真正美人的身材，不是瘦，而是腰臀比例。

一味追求骨瘦如柴，腰细了，但没臀，身材比例好不到哪里去；一味胖，腰臀一样粗，那身材也显然没的可说。

如果是贾宝玉这一路白净公子哥儿，喜欢瘦怯怯的姑娘倒也事属寻常；但历史上强健如古希腊或唐朝那样的审美，喜欢的从来是骨肉停匀的女孩子——就像布拉德·皮特这路汉子，当初也跟安吉丽娜·朱莉这类型的对眼。棋逢对手，将遇良才。李隆基六十岁那年看上了二十六岁能吃、有肉、善跳舞的杨贵妃，就是因为他已经见识过世上的一切，懂得真正的好女人，该是什么样的身材。

游侠们怎么过日子

话说，侠客们怎么过日子呢？

金庸、古龙、梁羽生小说里的侠客不算——那是极端浪漫化过的了。陆小凤出手就是几千两银票；胡斐真穷了去佛山赌场分分钟挣个几万两；梁羽生小说里的贵公子、大小姐就没愁过钱。

只有古龙《欢乐英雄》里隐约提了句：郭大路们也会穷。

《东邪西毒》里，王家卫更直白了："走江湖也要吃饭的，肚子很快就会饿的！"

所以，侠客们怎么过日子？

这里头其实有个幸存者偏差：历史上的侠客，许多从成为侠客的瞬间，就不太缺钱了——没钱，那从一开始就当不了侠客啊。

话说有个词，叫作穷文富武。最赤贫的人家，无论文武都供不起，只好当小农。稍微宽裕点儿的人家，能供孩子读读书。再宽裕点儿的人家，才能供孩子练武。像《水浒传》里史进是个典型。庄户人家，有佃农，收租子，马厩那边开个场子，置办器械，拜几个师傅，学点儿武艺——若是穷苦人家，别说置办器械，连基本蛋白质都无法满足，那是没资格练武的。

韩信当年饿肚子仗剑学游侠，还被人嘲弄说个子高其实胆子小，被逼着钻胯；然而漂母还是称呼他王孙，请他吃东西：仗剑的人，大家都觉得他们家世好。三国时被描述“善击剑”的，曹丕、鲁肃，那都是家里有余粮的人哪。

故此，游侠大多是有家底的，才有资格学武，出门当游侠。大多数要为金钱发愁的游侠，是所谓破落户子弟——家里一度有过钱，然后败落了，只剩下一身武艺。对这路人而言，《水浒传》其实基本是个生活指南，有无数手段可以参考：

一是靠家里积蓄过日子。如早期史进。

二是靠打山贼黑吃黑挣个仨瓜俩枣，比如史进在瓦罐寺，还差点儿错打劫了鲁智深。

三是卖艺，比如病大虫薛永，比如打虎将李忠。

四是当雇佣兵，比如武松就帮施恩出头，醉打蒋门神，夺回快活林——这就是香港黑帮片所谓的抢地盘。

五是当武术老师，比如王进教史进，比如柴进庄上那位洪教头。

六就是直接组织黑帮了：李忠和周通抢下了桃花山占山为王；鲁智深和杨志抢下了二龙山占山为王；都是如此。

但最直接，也是历史最悠久的侠客度日法则，其实是：

临时打工投靠，吃大户。像柴进，像宋江，武艺一般，地盘不大，却在江湖上赫赫有名，就是四个字：仗义疏财。

什么意思？好汉来投奔，他们慨然解囊给钱，好吃好喝招待，临走还给俩花的。看林冲与武松在柴进庄上即知。过往囚犯、流亡侠客，过去拜见柴大官人，说一下自己的名气，柴大官人给吃给喝。吃饱喝足了呢，拱手多谢，从此欠你个人情。

——这在战国时，就是门客。

李白《侠客行》赞美的侯生朱亥，都是当了信陵君门客。孟尝君手下那些冯谖之类，也都是有人养。自古以来所谓养士、养门客、养死士，收罗的都是这路游侠。

人当然不能白养。孟尝君门客里就有鸡鸣狗盗之徒，关键时刻可以帮忙。《史记·刺客列传》里，除了曹沫与豫让，其他如荆轲、聂政、专诸这些刺客，严格来说，都是游侠投靠到别人门下，充当雇佣杀手。

所以了：大多数还在路上晃荡的游侠，基本都过得苦哈哈。说是仗义疏财，财从哪儿来？说是锄强扶弱，哪儿那么多强让你锄？须知，能被一两个游侠端掉的，那也就是底层小地主或者三五个人的破山寨，山寨里也没啥钱。

大多数游侠，在成为教父，或者洗白成为公职人员（比如武松当了阳谷县都头）之前，都是不法分子、混社会的打手、保镖、卖艺者之流。好一点儿就是战国四公子或者柴进家的门客：那是受尊重的雇佣兵，类似于西欧的流亡骑士。

《史记·游侠列传》里，两个侠客最有名。一是朱家，一是郭解。

朱家很像柴进，靠着家里有背景，大肆藏匿亡命徒，比如公然跟刘邦叫板，藏起了季布。

郭解，更是后世游侠集大成，活脱脱一个游侠生涯模板：

他年少时做游侠，杀人无算，做雇佣打手、藏匿凶犯、私铸钱、偷坟掘墓。干了无数不法勾当。

成年后仗义疏财，结交当地官府，笼络附近豪强，组织私人团队。

您看，这就是最典型的游侠：

年轻时混社会，“侠以武犯禁”，搞定了最初的启动资金与名气；然后仗义疏财，组织黑社会，成为教父。

赶上乱世，游侠可以做得更了不起。比如秦末彭越这路游侠，组织无赖少年，成为一方军阀，跟了刘邦，最后裂土封王。或者如汉末关羽，在河东杀了人流浪到河北，跟了刘备从了军，成为万人敌，天下知名。

当然了，对普通百姓而言，这种黑社会的感觉很酷，就好像现在许多少年也觉得混社会很酷似的。

所以如李白这类大文人也要当游侠——那都是如开头所述，家里有钱，玩得起。

《儒林外史》里记录过一个好玩的故事：两位官府公子，很是崇拜游侠，对某位游侠张铁臂敬若神明。这游侠某次拿回来一个渗血袋子，说我杀了仇家要跑路，您二位给点儿钱？两位公子仰慕至极，赶紧给钱。游侠走了许久，大家琢磨要把袋子藏起来；打开一看：里面是一个大猪头。

所以许多游侠，还兼营诈骗，骗的就是相信传统游侠传奇的浪漫主义青年。这个猪头就是绝妙讽刺——宰的就是你们这些猪头！

画家们怎么好意思跟雇主要钱呢？

据说 1487 年，佛罗伦萨的画家菲里皮诺·利比先生接了个壁画订单，合同上说：“作品中一切人物，须由画家亲自完成。”

——您会想：这不是废话么？让你画，难道不是亲自画？

——还真不是。欧洲艺术家，也都是生意人，还是鹭鸶腿里劈出四两肉的聪明人。订单太多，为了批量完成，就时不时让助手帮着画。

文艺复兴大师里，师父坑学徒，甚至抢学徒的作品署自己的名，所见多有。当然也有反客为主的，据说 1488 年，意大利大师吉兰达约就遇到过这事：有个十四岁学徒的爹上门来，理直气壮跟他要钱，吉大师却生不起气，老实支付了薪酬。

为啥呢？因为那学徒才华横溢，名唤米开朗琪罗。

话说回来，艺术家赚钱确实不易，于是格外精刁；雇主也不能笨了，就需与艺术家斗智斗勇，订好协议，别被破了闷子，绕了弯子。还是利比先生这份合同，那意思：风景之类，是可以由学徒画的。

当然这也难怪。文艺复兴意大利老几位，都有些偏见，像米开朗琪罗一辈子不爱画风景，“风景是给那些没天分画人体的家伙留着的”。

助手和学徒们的活儿不只是风景。鲁本斯先生的弟子安东尼·凡·戴克画肖像，一般就脑袋与手是自己画，其他都指挥徒弟完成。有个传说：英王查理一世叫凡·戴克去给他画画，“你必须亲自画全图，不许擅自给我断头断手！”凡·戴克依从了。结果查理一世自己于1649年，被推上了断头台……

当然北方画家，待遇跟意大利大师们比惨一点儿：像荷兰那会儿是世俗社会，画家面对的客户，不是意大利的教廷和银行家，而是新贵阶级、地主大众。那算起钱来，更抠搜了。

比如伦勃朗那幅著名的《夜巡》，画里十六个人每人付一百荷兰盾，其中领头的两位各付二百；合计该收一千八百盾。当时一百盾可以买一吨黄油，按2017年一吨黄油八千欧元算，伦勃朗画这么幅东西，折合十四万欧元左右。

但伦勃朗画完了，人家嫌不好，付账推三阻四，最后到手也零零星星。

晚年伦勃朗给阿姆斯特丹市政厅画历史场面《克劳迪乌斯·西威利斯率领巴达维亚人谋反》，说好一千盾，刚画完，就被要求退还四分之一的金额：因为市府嫌难看；后来市府找了个德国画家另外补了幅，就把伦勃朗那幅画退还了，钱当然是照单全部索要回去的——你敢不还？市府也是你欺骗得了的？

真不易！

大家会说了：这是欧洲做派。中国古代画家，那都是风流倜傥，游戏人间。纯出天然，千金不易嘛！——嗯，至少董其昌们是这么描述的：董老先生觉得画家，那就该是“翰墨余闲，纵情绘事”。

相比起欧洲艺术家们一本正经订合同交稿子，中国艺术家们潇洒多啦！有情趣，不提钱，俗！

真如此？也未必。

首先，画家也有尊严。阎立本，画过《历代帝王图》，当过唐朝群相之一，名垂天下，声闻后世。但他遇到过一回事：唐太宗与一群学士在春苑划船玩儿，看见好看的鸟儿，就让学士们歌咏，召阎立本来画画。外头就嚷了：“画师阎立本！”——阎立本一头大汗地跑来，趴在池边，调色作画，抬头看看座上宾客，难过极了。

回去了，阎立本对儿子说：

我少年时候，爱读书，也还好；只是被人知道会画画，被呼来喝去当仆役，丢人丢大了。你记着：千万别学画画！

画家都要脸面啊。

再来就是，钱。风雅人也得吃饭。但如果提钱，就不风雅了，格就低了。

于是发展出了别的求财之道——只是稍微转几个弯。

八大山人朱耷，出了名的不羁。都说他老人家去跟贩夫走卒玩儿，乐意随手画几笔；达官贵人来求画，反而不允，潇洒得一塌糊涂。

然而17世纪末，南京的黄研旅却托一个中间人给朱耷带了十二张纸，以及一笔所谓“倾囊中金为润”的钱，一年后，朱耷寄回了十二册页。

画家们报价，都用这个润字：报价不叫报价，是所谓“润例”。

个性潇洒的大画家石涛，跟人写信，讨价还价过润例的问题：十二屏风的画作要二十四两银子，但十二通景屏风却要五十两银子。因为通景画起来累嘛，价格可是不能打折的。

郑板桥公开挂过润例，一幅中尺寸挂轴，润例四两银子——而他老人家1748年说过，年景好时，一年卖画能有上千两银子。

考虑到刘姥姥说二十两银子就够庄稼人一年生活了，您也明白啦：那显然已经不是闲来画着玩了：得是专业投入，才能有这产量。

那，是这么回事：

中国画家，其实也不都那么闲散萧然，也是要过日子的。

但画家大多是读书人，君子不言利；言了利，格就低，价也打折。

所以一般来说，订购画作，得有个中间人，把那些铜臭味十足的事儿抹过去。

委托人得了画，画家得了钱，而且宾主尽欢，留了面子。

许多时候，甚至画作的酬劳不是钱，而是人情或实物。比如，唐伯虎就被请去苏州富商家里同吃同住，画完之后，拿到了古董铜器与丝绸做酬劳——这就是作为一个宾客的姿态，比单是拿钱，要风雅多啦。

这么折腾实在琐碎，所以最简便的途径，其实是这样子：

清朝一位女士缪嘉蕙，替慈禧太后画画，入宫赏了三品服色。当然，她不只是以画换功名而已，实际上她所画的，都被慈禧拿去，署了名，用来赏大臣了——没错，她就是慈禧的枪手。

但考虑到三品服色，宫廷富贵，大概也是历史上最富贵的枪手了。

缪女士这种选择，细想才是最靠谱的。

就像米开朗琪罗和拉斐尔给教宗画画得以富贵似的，跟商人们抠抠搜搜地玩，还不如直接给上头画画，来钱快。

因为历来世道，大家都爱欺负有文化的人。

“你个有文化的人，做这点事还要钱？当情怀得了！”

有文化的画家拉不下脸来跟商人们讨价还价，所以只好靠中间人。

要痛快拿钱，怎么办呢？得找比你更拉不下脸的人——所以古来画家富贵者，基本服务的都是贵人或名声在外的豪富艺术赞助人——大家都是斯文人，谁更拉不下脸，谁就多出一点儿钱嘛！

文房四宝

中国古代文人的书房里，东西从不嫌多，许多还能成规模。《水浒传》开篇，当时还没成为宋徽宗的端王，在小王都太尉家看见个镇纸，说了声好；小王都太尉就派高俅送去府上，高太尉就此发迹。一个小镇纸都能成就一个人呢。

李清照的先生，精研金石，弄得易安居士也成了印章通；其他印盒、水注、笔架、笔洗，不一而足，每样都能把玩出花样来。

然而万变不离其宗，古代文人书房里千奇百怪，最后都为四样东西服务，曰：笔墨纸砚，文房四宝。

笔，特指毛笔：拿个炭条当笔作画，西方人觉得可行，在中国就不大好了。中国励志传说里，多有大贤人少时穷困，买不起笔，用柳树枝画沙子来学字的故事。古代文盲率甚高，能不能握管执笔，是否认字，就决定了出身品第，以后的人生遭际，便可能是两个世界。《鹿鼎记》里，韦小宝就不会握笔，被陆高轩逼着写字，结果用握杀猪刀的手法握笔，真是辱没斯文。

人都说蒙恬始创毛笔，是为笔之祖，然而商朝开始，已有毛笔，只能说蒙恬之世，以柘木为管，鹿毛为柱，羊毛为被，是属于精制了的毛笔，大概古人们也是在这时候，第一次意识到：毛笔的毛，可以不止一种。《齐民要术》里说了：青羊毛做笔芯，兔毫毛做笔被，这才能成好笔端呢。

当然到了后世，又不止如此了。软毫硬毫，狼毫羊毫，金管银管，竹管木管，所以后世得有笔架：琳琅满目，挂一溜儿笔待用，也可以说是摆谱。书画之家，尤重笔毫。潘天寿先生认为羊毫圆细柔顺，很好使。苏轼被贬谪到岭南，就嫌那里的笔不得用——应该是岭南气候不同，动物的毛发硬度都不一样了。

比较传奇的玩意儿，是所谓鼠须笔。王羲之说，传闻钟繇就用鼠须笔，于是笔有锋芒。《法书要录》则说《兰亭序》是王羲之用鼠须笔写的。后世有名的湖笔，为了保证笔尖，即“湖颖”的整齐，大概每只山羊身上，才找得出六钱羊毛，可以当锋颖的。山羊恁大，只得六钱；鼠须笔，仔细想想，费工夫更多了。

墨这个字，意思简直一望而知：上黑下土。上古制墨，是磨石炭；秦汉之后，用松烟、桐煤来制墨。所以汉朝时，松树多的地方容易出墨。然而单是烧了松木、取了煤灰，写字很容易尘灰飞扬一脸黑，变成卖炭翁的嘴脸。所以呢，需要工艺来精制了。《齐民要术》里，烟末、胶和蛋白要一起合成；到《天工开物》里，就得桐油、清油或猪油来烧了。各类胶和油的加入，无非想要墨质柔韧。按，秦汉时松烟墨，颜色固然黑，但轻而不够亮；油烟墨更显黑亮光泽，适合拿来画画。到后世不惜工本的制墨者，还可能往墨里加白檀、丁香，那就了不起了。

话说还是苏轼，动手能力真强。晚年被贬到海南岛去，闲居无事，恰好有制墨名家潘衡来访。苏轼大为惊喜，二人就钻进小黑屋里，

《墨法集要》插图

埋头制起墨来：烧了松脂，制黑烟灰，搞到乌烟瘴气，家人也不好管。结果到大半夜，房子火起，没伤人命，但也把大家熏得灰头土脸。次日，满屋焦黑里，扫出来几两黑烟灰。苏轼奉为至宝，觉得这就是自己制出来的墨了，只是当地没有好胶，于是苏轼又有新主意：使了牛皮胶，将黑烟灰凝固了，然而凝得太差，最后散成了几十段指头大的墨，真也不堪使用。苏轼豁达，黑着脸仰天大笑。潘衡就此告辞了。

妙在潘衡回了杭州，自己制了墨——当然比苏轼那烧了房子的墨高明了万倍——却打出招牌，说是苏轼秘法制的墨。那时杭州人民怀念给他们建了苏堤的苏轼，纷纷来买，苏轼自己在海南岛，还不知道自己冠名的墨，那么畅销呢。

纸，中西都有。西方概念里，觉得莎草纸、羊皮纸，都算是纸。然而这两种玩意都有问题：莎草纸是莎草茎切成长条薄片，编织放平，然后捶打，用石头磨光，再上胶——而且只能在一面书写。讨厌的是，这玩意只能在干燥气候下使，一遇到潮湿，立刻腐坏。羊皮纸倒是两面都能书写，问题是：剥羊皮、浸泡、刮毛、晾晒、擦防腐剂，简直需要一整支屠宰部队来弄一张纸。

所以东方的纸传入欧洲，简直是福音，李约瑟先生毫不犹豫，把纸列为四大发明之一。按，中国造纸术花样很多，宋朝苏易简《纸谱》说："蜀人以麻，闽人以嫩竹，北人以桑皮，剡溪以藤，海人以苔，浙人以麦面稻秆，吴人以茧，楚人以楮为纸。"但万变不离其宗，总是绕着植物纤维打转儿。蔡伦改良造纸术，用的是树皮、破布、渔网——还是纤维。左太冲写《三都赋》，导致洛阳纸贵，可见公元3世纪时，纸书已经很流行了。到唐朝，中国人已经有闲心在纸里头掺杂各类花色印纹，做出各类信笺来传情达意了。

宋朝人已经把纸推广到了床上：朱元晦拿些纸做的被子，寄给陆游盖，陆游认为纸被和布衾差不多，而且“白于狐腋暖于绵”。

笔是写字的工具，墨是字的痕迹，纸是承载墨的载体，文房四宝里，成品里最不显眼的是砚，然而别称也最多。苏轼喜欢婺源龙尾山的罗文砚，于是写了篇《万石君罗文传》，都把砚叫成万石君了。至于其他墨海、墨侯、石友等，不一而足。批《红楼梦》那位，还叫脂砚斋呢。古代做书童的，尤其要懂得跟砚打交道：如何滴水，如何拿出一锭墨来，如何安腕运指，凝心屏息，磨出主人需要的墨，磨得好，就是有灵性慧根；磨不好，主人摇头：真是粗人！

文人可以多喜欢砚呢？当年米芾被宋徽宗召去写字，米芾见天子桌上有个好砚，喜欢上了，就着砚磨了墨，写完字，抱着砚台说：“这个砚台经臣濡染过，不能再侍奉陛下了，请让我拿走吧。”宋徽宗也是好脾气，答应了。米芾喜出望外，抱着砚回去，手舞足蹈，宋徽宗只好叹气：“都说米芾是米颠，名不虚传。”

砚需要好石头。张岱说过个故事：他托朋友秦一生为他找好石头，自己外出了。秦一生得了块好石头，请一个北方朋友看，北方朋友指了指石头上的白眼说：“黄牙臭口，只配支桌子。”秦一生放弃了，北方朋友趁夜花三十两银子，把这石头买了，就制成了一块好砚，上头五小星，一大星，注道：“五星拱月。”张岱自己去看时，燕客捧出砚来：只见那砚赤红色犹如马肝，酥润如玉石，背上隐着白丝形如玛瑙，面上三星坟起如弩眼，着墨无声而墨沉烟起——真是好砚台。可见明朝时，为了好砚，连朋友都得骗呢。

到得后来，砚台也不是为了实用使了，比如吕留良收藏了二三十方砚，估计也未必用。这方面，苏轼颇为豁达：传说黄庭坚打算给他买些新砚台，苏轼说："我只有两只手，其中一只会写字，要三个砚台干吗呢？"

张岱和吕留良们的例子，可见文人们的小问题。文房四宝固然是好，尤其是纸，真是为西方文明传递帮了大忙，但在中国士大夫书斋里，连同其他笔洗、笔架、镇纸等物，越到后来，越成了赏玩之物。精致细微，作用于感官令人愉悦，塑造出中国文化独有的书卷之美，但时代的潮流，总是趋向于简便易用的。20世纪，受了经史子集教育长大的朱自清先生认为，毛笔的问题，在于不便：毛笔须用砚台和墨，又不能挂在衣襟上；毛笔写字，比水笔慢得多。其实近世的钢笔，乃是文房四宝功能的集合——钢笔墨水是成品，直接灌入钢笔中，就省去了砚台。一支钢笔一张纸，便能写字，而且速度快。自然，硬笔书法永远无法代替软笔，一如素描和写意山水永远是两个世界，但从实用角度而言，确实快得多了。

所以文房四宝成为一个时代的陈迹和纪念，也并不意外。至于强行怀旧去使之复古，也未必需要。时代是会往前的，而每个时代的文明，是由那个时代独一无二的氛围所造就。在21世纪使砚台磨墨，使毛笔写书法，注定是一种怀旧，时光的驻留毕竟是幻觉，就像纸代替绢册和竹简似的。我们能做的，也就是时不时回头想一想：世上曾经有过一个无比珍爱文房四宝，并使之荡漾出雅致文人趣味的时代，这真的很好。

然后，过去的就是过去了。

百无一用是书生？腹有诗书气自华？

一

“百无一用是书生。”

这句话，好似一枚翻天印。要吵架时，祭将出来，砸读书人脑门，百发百中，再有学问的，都势必被打落云端。

这话当然有其他版本。文雅些的，如《围城》里这一段儿吃干醋：

> 苏小姐道：“鸿渐，你学过哲学，是不是？”
>
> 赵辛楣喉咙里干笑道：“从我们干实际工作的人的眼光看来，学哲学跟什么都不学全没两样。”

不文雅些的，就是归乡宴席，长辈们苦口婆心道：“你读那么些书，你能找到媳妇儿么？”

讨论这句话，得问句子原作者黄仲则：

谁让你对读书人说这话，散播不良情绪来着？你歧视读书人吗，嗯？

然而，脱离上下文说文字，形同耍流氓。故此，我们先看看黄仲则当年这诗，全文如下：

> 仙佛茫茫两未成，只知独夜不平鸣。
> 风蓬飘尽悲歌气，泥絮沾来薄幸名。
> 十有九人堪白眼，百无一用是书生。
> 莫因诗卷愁成谶，春鸟秋虫自作声。

首句自叹，干啥啥不成；第二句“不平鸣”，出自韩愈安慰孟郊的话头，“大凡物不得其平则鸣”。大概黄仲则自己仕途不甚妙，心情大不好。《儒林外史》里周进考不上，是抱着门板哭；黄仲则文雅点：咱不平，但咱可以出点儿动静。

第二联，泥絮，典出“禅心已作沾泥絮，不逐春风上下狂”。后面“薄幸名”就是杜牧那个“十年一觉扬州梦，赢得青楼薄幸名”。咱没啥功名啊，失意落拓，江湖漂泊。

发了会儿牢骚，终于到了第三联：“十有九人堪白眼，百无一用是书生。”

这里并不是说，黄仲则被读书人抢了广场舞地盘，决定挨个拔人家的气门芯来报复，却更像是自嘲愤激，自己拿自己开涮：“我就是读书人，我没用，到处遭人白眼！”

古来诗人不如意时，都会自嘲。陆游还感叹“此身合是诗人未”呢，苏轼还念叨“我为聪明误一生”呢。看看就行，别当真。

如果光是这么自嘲一句，黄仲则这诗就失之凌厉，不够敦厚：好比是考不上大学，就说高考生全都糟烂，这牢骚人人会发，但能圆回来，才显得先生之风，山高水长嘛！

所以最后，黄仲则就圆自己的话了："莫因诗卷愁成谶，春鸟秋虫自作声。"

这里还是用典，还是按韩愈劝孟郊的说法："择其善鸣者而假之鸣：是故以鸟鸣春……以虫鸣秋。"

所以黄仲则的态度可以归纳为：就算读了书仕途不顺，不进庙堂黄钟大吕，咱到底还是可以跟虫子一样鸣鸣嘛。

如是，这诗可以简单概括如下：

我功名上没前途，心情不好；漂泊无根，到处碰壁。读书人就是被人看不起啊！但是——所有精华部分，都在但是后面——我还是找愿意听我的人（比如我自己），给他鸟鸣春、虫鸣秋吧。

整体而言，这首诗的情绪是：

我是开不了炸酱面饭馆……但我可以自己做炸酱面吃啊！

我是出不了书……但我可以自己写自己喜欢的东西开心啊！

虽然有自我宽怀的嫌疑，但黄仲则这诗，颓唐悲愤里，另有洒脱气象。洪亮吉说黄仲则"咽露秋虫，舞风病鹤"。他是病鹤，是秋虫，但还是可以咽露，可以舞风。

所以，以后，有人跟你说"百无一用是书生"，你可以直接甩这诗押尾两句：

"莫因诗卷愁成谶，春鸟秋虫自作声。"

我们是不能安邦定国，但我们还是可以发声呀！

当然，本文重点不在于此。

黄仲则说自己“百无一用是书生”。然而他的历史地位如何呢？张维屏说他：“夫是之谓天才，夫是之谓仙才，自古一代无几人，近求之，百余年以来，其惟黄仲则乎！”

包世臣是个很自信的学者，书法上，“自拟右军第一人”，但很看得起黄仲则，说他“乾隆六十年间，论诗者推为第一”。

《围城》里，董斜川口气极大，苏东坡都看不起，但总括起时代来，说他老爹“他到如今还不脱黄仲则、龚定庵那些乾嘉习气，我一开笔就做的同光体”。也从侧面显出，在他们眼里，黄仲则是乾嘉诗风代言人了。黄仲则觉得自己不得志，百无一用是书生，但就这么春鸟秋虫，读书写诗，三十五岁死掉，也成为有清一代的大诗人，被当作天才、仙才、六十年间第一人。

这样一个人，说什么“百无一用是书生”，那是自嘲罢了。实际上，清朝大才子，都爱这么玩。

比如赵翼曾经说：“到老始知非力取，三分人事七分天。”草蜢乐队肯定不爽：说好三分天注定，七分靠打拼；你怎么唱反调呢？你一定很失败吧！

——赵翼不到三十岁入直军机，下笔千言，倚马可待。三十四岁去考试，本来要拟状元，乾隆认为清代陕西还没状元呢，取了他第三。老来完成了《廿二史札记》这种巨著，论学术成就，清朝算极优秀；论诗，则与同时代袁枚、张问陶并列。

勤奋、学问、成就和才华，赵翼都足够。这么个成就丰沛的老头，却说什么“三分人事七分天”，这是什么呢？还是自嘲。

自嘲所以动人，是因为特殊的人说将出来了。黄仲则有资格拿自己开涮，百无一用是书生；赵翼有资格做结论，三分人事七分天。他们说这话不会有反智的嫌疑，因为他们的成就书之竹帛，无可替代了。

何况他二人自嘲完了，也没自暴自弃呀，还是该写诗写诗，该著书著书去了，“我们就是春鸟秋虫，要鸣”。

所以了，“百无一用是书生”“三分人事七分天”。

这种看着负能量的句子，都出自名留史册、跨了时代的巨人，自己发发感慨：哎呀我们读书人真没用啊，哎呀努力还是斗不过天分呀——这种话，是他们那境界的学霸才有资格说的。我们大多数普通人，努力一辈子，也就是为了争取一点儿资格，让自己有一天有底气说：“唉，读书其实也没啥用”“说到底还是要靠天分啊”，而已。

就像只有到比尔·盖茨那境界，才好意思说“有钱顶个鸟用”。

二

“腹有诗书气自华。”

这句话单看，似乎是给读书人撑腰的。

当然还是老规矩：不能脱离上下文。原句是：“粗缯大布裹生涯，腹有诗书气自华。”这是作者写来夸赞陕西朋友董传的。

——衣服简朴，看去穷愁。但肚里有诗书，气度自然华贵。这里还有个对比的效果。即，气度高下，不看衣服，看内涵学问。气度学问比衣服外物更体现内涵，方是重点。

这么说一定有人不满意。一定有人觉得：写“腹有诗书气自华”

的人，准是个仗着有点儿文化，就自鸣得意的穷酸吧？再怎么吹腹有诗书气自华，穷光蛋能好到哪里去？就这么抬高文化的作用么？

没错，实际上写这句话夸董传的人，确实一辈子都没什么积蓄，没享过大福。

四十来岁时，为了规定自己不买东西，需要把铜钱挂在房梁上，要用时才拿下来——好阻止自己购物。

送女婿出门，没有酒，只好劝女婿喝一杯泉水。

工资很低时，自己开田贴补家用，还发明了萝卜饭。

家里买不起肉，就少吃饭。买不起车，就多溜达，安慰自己说对健康有益。

想起故乡时，就念叨荠菜配肥白鱼，考虑青蒿和凉饼的问题。

理想就是春天睡醒之后起床，穿了鞋子，踏着田，去踩新鲜野菜做饭吃。

自己念叨说山间清风，江上明月，都是免费的，高兴得不得了。

喜欢睡午觉。喜欢去和尚庙里蹭热水洗澡。

喜欢赖床。认为人生最美的，就是早起梳了头，然后睡回笼觉。

没有米了，就盘算房东明天要打牙祭，嘿嘿嘿，我可以蹭他的鸡吃。

跟任何人，和尚道士、乞丐小官、醉汉农民，都坐得下来聊。

爱讲冷笑话。

喜欢热水泡脚。

自己企图制作墨，把房子差点烧了。

自己酿酒，引发了家里人腹泻。

爬山，看到亭子了，想歇脚，爬不上去，忽然一转念：哪儿不能歇呢？哎呀真是偷懒都有好心得啊！就高兴地坐下来了。

他还很无聊地，将上面这些都写下来了。

这人确实一辈子都不富裕。哪儿都安不下家。

但最后他的人生，就用以上这些穷巴巴的日子，证明了肚子里有诗书，气度是可以很自在雍容的。

他的经历，加上他的名字，本身就够证明：再怎么穷愁，一个人的确可以做到“腹有诗书气自华”了。只要饱读诗书，什么乱七八糟的日子，都能过出滋味和气度来。

他叫苏轼。

读史有什么用呢？

读史有什么用呢？

战国燕昭王时，以黄金台招贤士——陈子昂后来怀才不遇，于是“前不见古人，后不见来者”，就是在这里叹出来的——招到了乐毅，统率五国兵，取齐七十余城，几乎将齐连锅端了。引得后来山东人诸葛亮自比管仲乐毅，说明乐毅这一战给齐地的人，留下了极深的印象。

燕昭王过世，燕惠王接位，中了齐国的反间计，以骑劫代乐毅。乐毅知道有麻烦，逃亡去了赵国。

此后田单基本恢复了齐国国境，燕惠王不知是后悔还是嫉恨，再召乐毅来。乐毅写了文采斐然的回信拒绝，末尾一段，还成了名句：“君子交绝，不出恶声。”

妙在中间，有这么一段：

> 臣闻之，善作者不必善成，善始者不必善终。昔伍子胥说听于阖闾，而吴王远至郢；夫差弗是也，赐之鸱夷而浮之江。吴王不寤先论之可以立功，故沉子胥而不悔；子胥不蚤见主之不同量，是以至于入江而不化。

——当年伍子胥被吴王阖闾信任时，吴国可以打下楚国首都，成就功业；伍子胥不被信任时，就被吴王夫差弄死了。伍子胥没早发现苗头，才会死啊。

——这里乐毅引经据典，说得客气，其实是说：自己怕被换届君主鸟尽弓藏，所以嘛，逃走啦！

——这说明读史还是很有用的：关键抉择时，可以当作例子，拿来保命啊。

袁绍年少时，和曹操论说志向。那时他二位自然不知道多年后要角逐天下，说起话来仿佛如今学生在校园宿舍里卧谈吹牛，百无禁忌。袁绍说他要占据河北，靠地利南向争天下；曹操说他要任用天下智谋之士，无所不可。

《傅子》补充道，曹操还多了一句，大意是：商汤、周武王这种圣贤，也不是一片土地出来的嘛；如果太依赖地利险固，就无法随心所欲地变化了。

曹操手不释卷爱读书的优势，这时就显出来了：后来的历史演进，也果然如他所言。

话说，古代还有人，拿小说当历史看，然后学战略的。清人王嵩儒《掌故零拾·卷一》："本朝为入关之先，以翻译《三国演义》为兵略。"

——清朝开国诸位，那是真喜欢读《三国演义》啊。

——甚至读多了三国，也能拿来捏典故。雍正皇帝登基后，把他两位帮大忙的重臣年羹尧和隆科多都做掉了。隆科多的罪名之一：

> 以圣祖升遐，隆科多未在上前，妄言身藏匕首以防不测；又自拟诸葛亮，奏称：白帝城受命之日，即死期将至之时。

意思是，隆科多居然敢自比白帝城受托孤的诸葛亮，哼！

三国时的王平，南北朝的杨大眼，都不识字，便让人读书给他们听，了解点儿意思，好实际应用，融会贯通。好玩儿的是，他们读书，并不读诗词文章，而多读“书史”。关羽著名的挑灯夜读《春秋》，其实是爱读《左传》：说穿了，也是历史书。

梁启超先生说过句有些偏激的话：说中国传统史书，都是帝王家传。看看《史记》，本纪、世家、列传，都是君王、诸侯、大臣们的故事。最多有点儿游侠列传、滑稽列传，只是点缀。都说历史是人民书写的，但中国传统史书里，老百姓的影子并不多。我们老百姓读史书，也就是听个八卦，当个故事段子听，叹口气，也就过去了，说不定还古今多少事都付笑谈中。

而大人物读传统史书，却是着实当行为准则读的：比如乐毅，比如曹操。

毕竟对他们而言，历史书这些王侯将相的家传，对老百姓没意义，对他们，却是现成的业界教科书啊。

当然，史书与史书，那也有区别。

开句玩笑话，读个人列传多了，您会热血沸腾，想屁股一抬离开椅子，去当游侠、辩士或刺客。

读编年史多了，您的屁股又坐回来了，会考虑做改天换地的大事之前，先学一点儿逻辑思辨。

譬如读《史记》，这里一篇《项羽本纪》，宣传项羽如何揍刘邦；后面一篇《高祖本纪》，说刘邦如何得天下；每传各有主人。司马迁可以一边夸廉颇，一边夸白起；一边写苏秦，一边写张仪。《史记》里还有《滑稽列传》，讲擅长讽喻的优伶；《游侠列传》，讲以武犯禁的侠客；《刺客列传》，讲荆轲、聂政那些人。所以《史记》的纪传体，传奇色彩浓烈，帝王地位崇高，但不是唯一视角。我们普通人读读，也觉得五彩缤纷。

而《资治通鉴》，书名四个字，宋神宗给起的。“有鉴于往事，以资于治道。”既然立足点跟治理有关，英雄传奇色彩，就没那么明显了。

《资治通鉴》的原初精神，效仿的是《春秋》，是《左传》啊。编年体历史与纪传体着重点不同。后者传奇跌宕，让人感叹个体命运；前者更多是时间序列严谨的残酷真相。

司马光大才，当然也记录些逸事，《资治通鉴》也的确无所不包：礼乐历数、天文地理。但大体上最主要的，还是政治、军事与统治者道德的部分。还时时夹杂“臣光言”，来给点儿阅读指导，生怕天子没读明白。

比如，您只读《史记》，很难感受到战国初期，魏如何由强变弱，司马错和张仪伐蜀或伐韩的论证如何决定秦国命运，齐国与关东各国如何慢慢出了外交问题——这种一环扣一环的“同期历史感”，是得看通史的。

一个众所周知的战国传奇：庞涓废了孙膑的膝盖，孙膑去了齐国当军师；田忌赛马，孙膑为田忌出谋划策赢了赛马，田忌后来为将，孙膑为军师，马陵道伏兵射杀庞涓，永久性地削弱了魏国。

在《史记·吴起孙子列传》里，打赢了庞涓后，这么结尾：

> 齐因乘胜尽破其军，虏魏太子申以归。孙膑以此名显天下，世传其兵法。

好啦，结束啦！田忌+孙膑搭档打出了大团圆结局，出了一口鸟气，弄死了庞涓，善有善报、恶有恶报，仇也报了，名也出了——庞涓临死前都说了，“遂成竖子之名！”大家一起为田忌、孙膑鼓掌吧！

——这就是英雄传奇纪传体风格。

然而，在《史记·田敬仲完世家》里，这个故事就有其他的后续了，但显然没上头这个有名。

《资治通鉴·周显王二十八年》，更如此阴飕飕地描述这件事的始末：

齐因乘胜大破魏师，虏太子申。

成侯邹忌恶田忌，使人操十金，卜于市，曰："我，田忌之人也。我为将三战三胜，声威天下。欲行大事，可乎？"卜者出，因使人执之。

田忌不能自明，率其徒攻临淄，求成侯。不克，出奔楚。

许多人都知道孙膑田忌破庞涓的传奇，却会忽略破了庞涓的当年，田忌立刻倒了霉：螳螂捕蝉黄雀在后，邹忌——就是对城北徐公是否很俊美耿耿于怀的那位讽谏齐王的邹忌了——给田忌使坏，把他逼到了楚国。

传奇英雄大功之后，却不得善终；忽然间，这个故事又显得悲伤了。

这就是编年体风格，有别于列传。更冷冽，更现实，没有纪传体那么浪漫欢乐。英雄自有业绩，然而时间之轮一环扣一环地前进，每个传奇人物最后，都可以是历史的棋子。

在无情的时间序列下，是非成败，一目了然。

所以了，读纪传体历史，包括稗官野史，很容易觉得个人奋斗和命运巧合比较重要。

而读了编年体通史，就会感觉到历史的进程，才是真正车轮滚滚，碾压一切英雄，是非成败转头空啊。

中国人，其实一直在简化字体

一句常见的话，繁体字爱好者拿来吐槽简体字的：

亲不见，爱无心，体无骨，龟无脚。

意思：繁体字好，简体字不好。

更有甚者，把简体字叫残体字的，觉得繁体字高贵一等。

然后就嚷了：拒绝残体字！

那，果真如此吗？

类似的话题，近百年前吵过了。早在1920年，五四运动刚过，中国思想百花齐放，千帆竞流，闹哄哄你方唱罢我登场。语言学家钱玄同先生，在《新青年》上倡导简体字——彼时风起云涌，这思想丝毫都不显得激进：那时候，都有人念叨，中国人该使用拼音汉字。

两年后，钱玄同先生和黎锦熙先生，认真跟民国政府提交了文件《减省现行汉字的笔画案》，国民政府大当家蒋先生挺重视，去问了教育部部长王世杰，王世杰道："我个人认为，有的汉字笔画确实太多，应该做些简化，但只能逐步进行。"蒋先生就派黎锦熙先生去简化了。

1935年，王世杰先生颁布《第一批简体字表》，共计三百二十四个。

如果这一路真的实行下去，现在台湾人民，怕也没法拿简体字说事了。然而有人出来拦了一下。考试院院长戴季陶先生进谏蒋中正，曰：“简化汉字十分荒谬，破坏了中国文化。”蒋先生便搁置了。

所以对繁体字爱好者而言，戴季陶先生实为力挽狂澜的英雄好汉。

那么问题来了，倡导简体字的二位：

钱玄同先生，语言学家，清进士钱振常之子，章太炎先生高足，鲁迅先生的同门。

黎锦熙先生，书香门第，十五岁考中清朝最后一届秀才，毛泽东先生在湖南一师的老师。

这两位先生，论到中国的家学渊源，比起商人家庭、留学东京的戴季陶先生，至少不会逊色吧？

为什么两位地道的学者，却会倡导简体字呢？难道说，钱先生和黎先生，不珍视他们自己的立身之本中国传统文化么？

恐怕未必。

倘非如此，那又是为什么？

那是因为：稍微懂点历史的，都知道：如今我们所见的一切中国文字……都多少被简化过了。

中国文字，可以追溯到甲骨文，刻写在龟甲兽骨上。

此后是大篆，狭义而言，即是籀文：为何是那模样呢？答：那是铭刻在钟鼎铜器之上的。小篆，是秦始皇帝平定天下后统一的，所谓“书同文”。但也就是在此同期，秦始皇居然也偷懒，搞起了简化字体。

《说文解字》曰："秦烧经书，涤荡旧典，大发吏卒，兴役戍，官狱职务繁，初为隶书，以趣约易，而古文由此绝矣。"

——这意思，秦国把旧经典都收拾完了，法令严苛，需要大批刑狱人士，这时就制造了隶书，贪图的是简约。隶书的隶，就是隶人的隶。小篆这种书太浩繁，设立一种方便仆隶抄写的书法，提高工作效率。所以如果说，隶书就是秦朝的简体字，大概也差不多。

《说文解字》也哀叹过，隶书出来后，"古文由此绝矣"，但简化了字体，真就那么糟糕吗？也未必。事实是，秦汉用隶书之后，不耽误中国有汉唐盛世。

隶书后来，也被简化过：唐朝流行的楷书，也是对隶书的某种简化呢——楷书就是去掉了隶书的"蚕头燕尾"，务求简爽。

即：楷书和隶书，多少都是被简化过的字体。中国文化断绝了吗？

繁体字爱好者也提过一点：书法成就多在繁体字。换成简体字，不大好看。

那么问题来了：千古以来，文无第一，但如果说天下第一书法帖是《兰亭序》，谅来反对声音也不大。

妙在，《兰亭序》是行书。

行书是怎么回事？唐朝张怀瓘说："行书即正书小伪，务从简易，相间流行，故谓之行书。"关键词是什么？"简易"。

因为简易，行书才流行。

草书也是种简化的书法，甚至当代草书大贤于右任先生，还整理过《标准草书》，里面有个“草书代用符号表”，方便大家将那几缕烟水朦胧、游丝飞舞的笔墨，认出字来。

故，隶书、楷书、行书、草书，都算是从上古老字里，一路简化过来的。

从中流淌出的文化与美感？似乎，也并没怎么差。

中华文明，也没有因为一路简化，而道统中断吧？欧柳颜赵、苏黄米蔡都没有去刻碑，不妨碍他们有文化。

戴季陶先生想的也没问题：汉字如果简化，不免失却一些东西；但钱玄同先生和黎锦熙先生想得更大：他们一定明白，中国文化能浩荡数千年，靠的不是将甲骨文、大篆、小篆、石鼓文一路逶迤而下，抱着不放。

文化是要传承的，而越是简易的，越是方便书写记忆的，越方便传承。中国人太多了，而中国字，每个字，哪怕只少一笔，也许识字的人便能多一些。

庄子是大有学问的人，但他也看得很透：“言者所以在意，得意而忘言。”得了意思，文化流传下去了，具体的字句忘了也不妨。

何况是区区字形呢？

所以简化字体，中国历史千年以来，都在这么做。繁体字爱好者和简体字爱好者大可各有所好，就像隶书爱好者，不会专门堵着小篆爱好者的门去骂似的。

所以啦，作为个人审美，大可以觉得繁体字美好，但简体字、小篆、大篆、隶书、石鼓各有各的美。爱用就用好了。

比如，如果有人跟我说：王羲之的行书务于简易，没文化，不如西周时的篆刻师傅庞杂，不如上古的甲骨文卜者细密……我恐怕就不能同意。

最后：文化这东西，传承归传承，实用归实用。没必要强扭一团。

中国古代服装、雅乐、字句都极好，但保存它们，不意味着我们非得继续每天穿戴得跟春秋时一样，然后钟鸣鼎食。文化是个活的东西。有些习惯方便使用，我们留着使；有些古迹已经失去生命力，那就当仪式好了。不能因为辕辙车马很美，我们就还骑马拉车，是吧？

繁体字，也是同理。

文化只有传下去，才是活的。

所谓欧洲的贵族教育

言及欧洲贵族教育前，自然得先为贵族正个名。贵族这词在中文里，意思多变。春秋战国的贵族、魏晋时的贵族，再到当下讥讽人用的“哟，您是贵族”，意思大大不同。

且说欧洲所谓贵族。

欧洲上古的贵族教育，最初是宗教性的，比如上古地中海东部的教师，多是祭司担任。那时知识不太多，巫术却不少，不提。古希腊城邦大多讲民主，重视的是公民普遍教育。希腊人的公民教育，讲究身体为先：倒不是为了做雕像模特显摆肌肉。因为希腊气候炎热，大家穿衣服少，户外活动又多，动辄去广场做演讲、朗诵戏剧；农业差，航海多，战时又是全民出征，做这些事，都得有个好身体。所以古希腊上等公民的教育，便是锻炼身体、跳舞、音乐，再是基本政治理论（教你怎么表决）、修辞学（教你怎么说话）、基本的战术素养、航海学，等等，学以致用，每个公民都用得上。

所以我们如今看古希腊雕像的肌肉线条，是他们公民教育的副产品。

又古希腊时，科目分类还不多，所以大多都是通识教育，所以通常聊着哲学，什么东西都教了。比如菲力二世给亚历山大大帝请老师，就请了大宗师亚里士多德。结果亚历山大有两件事极有名：一、爱读他师父做过注解的《伊利亚特》；二、跑步是一等一的牛人，没事办个祭典就跟人玩赛跑。

迦太基人一代名将汉尼拔，仗打得精，罗马人为之风声鹤唳，但本身资质也了得：能说极流利的希腊语，能读善写，对希腊战史研究深入，跑步、击剑、骑马都极佳。

古罗马共和国时期，有豪门家族，但大多也得做亲民状，而且彼时上等人家的教育，大多随希腊公民教育：舞蹈、音乐、修辞学、打架，等等。

这就算是上古的好教育了——毕竟希腊罗马时，能接受教育的公民，地位就不低了：毕竟许多人还只是奴隶呢。

后来欧洲进入了封建时代，封地列爵，就有爵爷了。法语伯爵是 comte，按拉丁语原意是“君王的伙伴”，有封地，算大地主；侯爵与伯爵最初的区别，是封地多在边疆，军权更重；公爵则在中枢，封地也肥美些。

所以中世纪欧洲的贵族，说白了，就是分封各地的地主。平时农忙，战时随征。

既然如此，贵族们的教育，也得偏于实用：得会骑马，得会马上决斗，还得学着怎么打赢决斗而不弄死对手——因为中世纪骑士打仗，许多时候陛下不发军饷，打仗很是亏本；要挣钱，得把对方打落马下，可以勒索赎金。

大概 11 到 12 世纪，欧洲贵族是这样的：中央宫廷与地方城堡有各类觐见规程，于是大小贵族都以宫廷礼仪为榜样。仿着宫廷做派，就成了“有教养，好品味”，于是贵族家的孩子，少儿时就接受一种上行下效的教育：学说宫廷式的语言，学习宫廷式的仪态。通常会有位出身上流、受过教育的夫人看着他们，身边再布满仆人。

贵族日常所受最多的教育，是举手投足、说话做事的仪态。那时候的看法是，只要“像个宫廷贵族”，那就“是个贵族”了。真正宫廷里的王子们，一会说话，就会被开始教授仪态和品德。比如英国贵族的孩子，一度靠听亚瑟王和圆桌骑士的故事，来学习用词说话。

等孩子把举手投足、日常问候的礼仪学烂熟了，便是舞蹈、唱歌和音乐，以及学下象棋——12 世纪，欧洲人学下国际象棋，似乎主要是冲着教育去的。到此之前，男孩女孩基本都这么一路过来。

孩子到了六七岁，男女开始分班了。男孩要学习读写，除了当地语言，通常还有拉丁文。女孩子学习读写就闲散多了，而且拉丁文并非必修。男孩得学习骑马、射猎、使用各色武器，最晚从十四岁开始，男孩得学习一些骑士的基本功：

锻炼身体以便穿得起盔甲，锻炼使剑和投枪。

女孩不学打架，但也得学骑马，好比如今的姑娘得学开车。会有女侍或贵族夫人教授女孩如何持家，如何缝纫。12 世纪挂毯艺术盛行时，全欧洲贵族姑娘多少也得会点儿这个——至少得学会在手帕上，缝自己家的徽章吧？

这里插一句。

中世纪末期，平民教育是这样的：1338 年，佛罗伦萨有六所“算术学校”。佛罗伦萨的儿童完成了小学教育，认了字，就开始学算术。

据说当时全佛罗伦萨，有八分之一的小孩在学渊深的拉丁文法，打算做文人；四分之一的小孩在学算术，打算从商。

而贵族男孩几乎都得学拉丁文，但不太学算术，因为，“算术是商人做的事！我们才不学呢！”

这就是中世纪的贵族教育：仪态、举止、骑士风范。下跪鞠躬舞蹈使剑都得风度翩翩，打架够狠，说话不能土气。书本教育并不多，因为在古腾堡大搞印刷术前，全欧洲都缺书。学者也有，但大多在大学里，而且中世纪欧洲搞学术研究的，大多并非贵族，教士占比例不小。当然这是闲话。

文艺复兴之后，科技腾飞，时代变革。到16世纪，披甲的骑士成了中古遗物；与此同时，人文主义发展，这时，欧洲贵族们开始尴尬了：他们不再有骑士风范的威严，学击剑似乎也打不了仗了；在知识浪潮中，难免显得有点儿落后时代了。

然而这时候的贵族们，还是得摆着“兄弟是骑士传家”的老范儿，虽然遍身盔甲、叮当作响的时代已经过去了，盔甲兵刃，许多是做个装饰用。意大利的新兴富豪、法国的廷臣、英国的爵爷们，便格外重视“正确的宫廷仪态”。阳刚的战场之气减弱了，娴雅的贵族范儿流行了。

好有一比：扳指这东西，最初是射箭用的，清初骑射立国，八旗子弟都戴；但到晚清，不用上阵打仗了，对扳指材质却还讲究：那就只剩下个传统意义了，毕竟平时不射箭了，但还得戴着好看啊。

公元1500年，也就是达·芬奇四十八岁、米开朗琪罗二十五岁、拉斐尔十七岁那年，佛罗伦萨的贵族应当学会的是：会跳舞，懂音乐，会辩论，懂一些拉丁文，会说一些警句；男士应当懂得陪伴女士，抖机灵，学识渊博（虽然不一定是书面知识）有趣味；表现出互相尊重，恰如其分的殷勤，说一些奇闻野史，讲些段子；得通晓希腊文学与拉丁文学、历史、哲学，会吟诗，会骑马。舞蹈和音乐的教育日益优先。一言以蔽之，你所受的教育，得够你参加各类聚会和谈话。

如果你谈起实用的事儿，会被嗤之以鼻，“一定是新上来的小户人家”。

在16世纪的英国，贵族相信大学根本教不了什么东西，只能让你成一个小资产阶级。1594年，安托万内·德·普鲁维内尔先生(Antoine de Pluvinel）在巴黎开了个贵族学院，教你骑马、击剑、仪态、弹琉特琴、画画、数学、文学、诗歌、历史。这事儿得到了法国宫廷的支持，比巴黎大学红多了。

所以，文艺复兴时期的贵族教育，大概可以这么描述：

当贵族地主们没必要再为了打仗练骑士范儿后，便以日益精致化的仪态，来维持自己的姿态。

意大利名家巴尔达萨雷·卡斯蒂利奥内（Baldassare Castiglione）有所谓《廷臣论》，中间说过个意思：大概理想的贵族，是用精心修饰的、合乎规范的外部形象，来反射内心的贵族性。是的，不太好听，但那时的贵族教育，就是教育你“仿佛上舞台般演得得体，来显得像个贵族”。

到18世纪，欧洲贵族们大事不妙。众所周知，那是自由平等博爱的启蒙主义世纪，在法语里叫作光明世纪。旧贵族制度被认为是黑暗的，人人平等被提倡起来。贵族教育也有些尴尬，结果就是巴黎的贵族学校，开始在课程里加上经济和农学。

老贵族们气坏了，觉得真是有辱斯文：我们贵族人，怎么能学这种仕途经济呢？！

英国在18世纪，流行所谓“大陆旅行”。比如你是个英国地方贵族出身，那么你会在成长中学到意大利语与法语，到一定年纪了，满欧洲去游历一番，回来了，有了宫廷仪态，最好还能说一口漂亮的法语，好，你就能去当文官，当大使，当校长，当法官了。读万卷书行万里路嘛。

18世纪后期，大革命前夜，先前那种娴雅的宫廷风度贵族教育，被新一代认为是惺惺作态，毫无价值：每天教育，就教你骑马摆造型，说些漂亮奉承话，有个鸟用！

老贵族们痛心疾首，觉得新贵族都是暴发户，可是新贵族觉得老贵族都是地主土鳖，不知道世界多大。

18世纪到19世纪，资产阶级接管权柄后，老式贵族教育就真的到头了。19世纪的法国，经过大革命折腾后，传统贵族折了大半，顶着贵族头衔的大多是新兴资产阶级，比如《基度山伯爵》里写得明白：银行家、军人都能有爵位，大富豪买个岛都有爵位。这就甭提了。当然，您不能小看这类新暴发户贵族：越是暴发户，越怕别人看轻。

所以19世纪中期，英国和法国，都有些新贵族提倡贵族教育，其实是一种混合产物：除了骑马、舞会、音乐、上台表演般的宫廷仪态，还要掺杂新学问，结果多少有些滑稽。因为老英国贵族许多的教育，比如射猎、骑马，是为了住在乡下的贵族准备的；许多伦敦金融新贵也学猎赤狐，听着就是附庸风雅搞笑。

当然也有真的老贵族传家，虽然没了荣光和财富，但瘦死的骆驼比马大。做做乡绅，开开舞会，写写书，做做翻译，养养马，挺好。19 世纪英国许多翻译家、教授和学者，家世都好。当然这里有些讽刺：老英国贵族是鄙夷大学的，觉得仕途经济没意思；维多利亚时期的新兴贵族则鄙夷老英国贵族，觉得他们陈腐无趣。到一战和二战时，新老贵族的子弟参军，大家就忽然回忆起老英国式的荣誉、祖国、家族，开始彼此欣赏起来了。

喏，这就是欧洲式的贵族教育。

在贵族们确实还封疆裂土的全盛时期，所谓贵族教育，大多是教你怎么仪态端正、礼貌周到、骑马击剑，做个好骑士。

当贵族地位开始衰落时，贵族教育便是华贵细腻的宫廷礼仪，用高雅的舞台腔来生活。即是说，真正的贵族教育，其实是摒弃实用的——贵族才不用考虑生活呢。

美国第二任总统亚当斯先生说道：

> 我必须研习政治与战争，于是我的儿子能有自由学习数学和哲学。我儿子学了数学、哲学、地理、自然、历史、造船、航海、商业和农业后，我儿子的儿子才有机会学绘画、诗歌、音乐、建筑学、雕塑、挂毯和瓷器。

亚当斯先生说这话，证明人们永远对“贵族教育”抱有一种美好期许。的确，那是田园牧歌式的，完全不用为实用考虑的美好存在，当然，那也只存在于田园牧歌式的非工业时代。所谓贵族形象，本来就有后世幻想的成分。

所以，一切掺杂了实用学科的所谓贵族教育，都是东施效颦、邯郸学步。因为您看 18 世纪的贵族，可是连经济和农学都觉得不能接受的。最正统的贵族教育，那就是骑马击剑、仪态万方地做一个地主乡绅好骑士，随时预备伺候夫人们舞会、跟随陛下出征啊！

四大天王、李天王与哪吒

大家爱抱怨：什么东西，到了中国就变样。

的确如此。但不一定是变得更糟。有许多东西，到了中国，经了中国人民的手，还会变出意想不到的绝妙好处呢。

比如，我问您：四大天王是谁？

看过《封神榜》的都知道：就是魔家四将嘛，魔礼青、魔礼红、魔礼寿、张学友……嗯，好像哪儿不大对……

读过《西游记》的，这时就知道了：持国、增长、多闻、广目，四天王。

张佳玮小时候，曾经很想举手问老师：老师，不还有个托塔李天王吗？四大天王这是要组乐队去七仙女宿舍楼下唱歌，因为李天王已经有哪吒这个儿子了，不带他玩儿么？

这里就是中国人民跟印度人民说不清道不明的地方了。

按，佛家本来有四大天王。多闻、广目、持国、增长。这四位负责各护一方天下，仿佛片警，能保小区平安。

北方多闻天王是四天王之首，音译叫“毗沙门”。稍微懂点儿日本战国史的同学，此时定要举手：“哎呀，那不是日本战国军神上杉谦信自诩的天王形象嘛！”

玄武门前被李世民射杀的唐朝初任太子李建成，小名也叫毗沙门——隋唐之际，大家信佛，由此可见一斑。当然不奇怪：大诗人王维的名字，还凑着维摩诘呢。

妙在这位多闻天王＝毗沙门天王早期的形象是：左手持供奉释迦牟尼佛的宝塔——所以他老人家那个塔，来头真是大。

他身边，还得站五位太子。而那位三太子，叫作哪吒。

是的：《西游记》里所谓的托塔李天王，《封神榜》里那位李靖，本就是佛教四大天王里的多闻天王，就是毗沙门天王。按，哪吒的梵文，叫作Nalakuvara，读作哪吒俱伐罗，简称哪吒。

好好一个多闻天王＝毗沙门天王，带着个儿子哪吒俱伐罗，本来都属于印度神，可是到了中国，就不由你们自己啦！

明朝的《三教源流搜神大全》里说：

> 哪吒本是玉皇驾下大罗仙，身长六丈，首带金轮，三头九眼八臂，口吐青云，足踏盘石，手持法律，大喊一声，云降雨从，乾坤烁动。因世界多魔王，玉帝命降凡，以故托胎于托塔天王李靖。

印度人民看了，一定头晕目眩眼冒金星：这是个什么玩意？

这就是中国人民的民间力量啦！

中国人民先把人家儿子哪吒改成了中国人，又把爸爸改了国籍，名片上印中文名李靖，从佛教天王变成了玉帝座前猛将，《封神榜》里再硬塞给他俩儿子金吒和木吒。最后，把他的身份硬生生撕成了两个人：

一个托塔李天王，独立于四天王之外。

一个多闻天王，护卫天庭去了。

——这里闲话一句，多闻天王是四大天王里最红的：因为他偶尔被赋予财神爷的使命。《水浒》里林冲被发配后，一度去打扫天王堂，那就是供奉多闻天王的；日本奈良兴福寺当年有个多闻院，老大叫作多闻院英俊。当然，按照各色传说和画像，这位老师父本人并不太英俊就是了……

其他三大天王，也没被中国人民放过。

东方持国天王，早期是左手刀右手矛；南方增长天王，早期是握宝剑；西方广目天王，早期是左手矛右手套马索。这都算是正经兵刃。

到了元朝，持国天王不知道为什么，拿起了琵琶；到了清朝，西方广目天王右手的套马索变成了蛇，再变成了龙，身边跟着个奇怪的东西——那就是后来《封神榜》里所谓的"花狐貂"了。在《封神榜》里面，他们一起变成了魔家四将：魔礼青、魔礼红、魔礼寿、魔礼海。

好好的四个印度神，万里迢迢到中国河南帮纣王，最后还被封了神，护卫中国的天庭，去剿灭花果山猴子，这是什么精神？这是国际主义精神。

但这还没完，中国人民还要继续编排他们呢：

到了中国史上最伟大动画片之一《大闹天宫》里，四大天王出场擒拿孙猴子，手中兵器是剑、琵琶、伞与一条龙。问题是在老百姓那里，这四天王的兵器，都有深意。剑有锋，即风；琵琶是用来调理的，调；伞和下雨有关，雨；手握龙蛇那表示动物都很驯顺，顺。

加起来四个字：风调雨顺。老百姓都希望天气好，年成好，那四天王就负责老百姓风调雨顺。

——这种东西，跟印度人怎么解释呢？算了，也甭解释了。就说这是中国本土四天王，也没问题。

话说回来，我们就算告诉印度佛教徒：这四个中国打扮、拿中国兵刃的家伙，是印度佛教所谓四天王，印度人敢认么？

这就是民俗的力量。外来的东西，被中国人民自己一揉搓，改了国籍，换了命运，就变成了别的模样，与先前面目全非，而且别有风致。哪吒的莲花化身、闹海屠龙，佛经无载，已成中国文化一部分了，跟佛教原先的传说，也就是个名字略有重叠罢了。同样，汉化了的四大天王，一如汉化了的佛教，许多与原先已经大有不同处。

因为文化这玩意是活的，衍生流转，枝节遍生。学者负责考订收集，老百姓衍生起来，则百无禁忌。原教旨主义者和原著党，有时得放下些架子。事实就是，哪吒、李天王、魔家四将都是编出来的，但现在人民就认这四个，而不管你多闻、广目、持国、增长。不管你服气与否，符合民间逻辑的一切，才最鲜活。

当然，换个角度想：四天王在天有知，如果知道自己以那么接地气的方式贴近了东胜神洲人民群众，大概也不会太介意吧。

世界各地的龙

为什么传说里有龙，可是我们现在，看不到龙了呢？

这个问题，中国古代已经有人问了。《左传》昭公二十九年，魏献子去问蔡墨：龙是很聪明是吧？蔡墨先生说了：不是龙聪明，是人太无知——您看这话说得，好像龙是皇帝新衣似的。

然后蔡墨先生说了：古代人不但见得着龙，还养龙呢！有所谓豢龙氏，有御龙氏。

魏献子问了一句我们都想问的：那，为什么现在没龙了？

蔡墨说：因为现在没人养龙了。龙是水里的动物，水官荒废，就没有活龙了。但以前是有龙的，不然，《周易》里怎么会说龙呢？什么群龙无首、亢龙有悔、飞龙在天、见龙在田……好像古代龙到处都是，田间地头，天上地下。

总括一下蔡墨先生说法，我们也明白了：

按照他的逻辑，中国古代是有龙的，只是到春秋时，没人会驯养了，龙就没了。

然而中国的龙，到底是什么呢？

《说文解字》说龙，鳞虫之长，能幽能明，能细能巨，能短能长——即，龙是一种鳞虫，长了鳞片的爬行动物。又和水沾亲。

《说文解字》又说了，龙这玩意，“春分而登天，秋分而潜渊”。它能飞？《易经》又说“飞龙在天”“龙战于野，其色玄黄”。打起来是黑黄的，还能飞？

所以我的猜测是：古人大概看见过水边有大蜥蜴或者大鳄鱼，就叫作龙。

之后，见风云变色，起了沙尘暴，形如大鳄鱼，就一并揉搓起来想象了。

当然，古人还会拿龙分类。《广雅·释鱼》说：“有鳞曰蛟龙，有翼曰应龙，有角曰虬龙，五角曰螭龙。”《山海经》说，黄帝让应龙杀了蚩尤。这就是黄帝派一个有翅膀的龙干掉了蚩尤——听着像中国版《权力的游戏》嘛！

印度佛教里，有所谓天龙八部。一天二龙三夜叉，听着很厉害。但这其实是翻译得好。按，印度龙叫作 naga，印度的眼镜蛇是 Naja naja。所以印度语的龙，本意该是印度眼镜蛇。

巴比伦有一种类龙生物，所谓怒蛇，也是个四不像似的玩意：身上覆盖鳞片，仿佛蛇；前脚是狮子腿，后脚是鹰爪；头上生角、有冠，舌头分叉如蛇，尾巴是蝎子。

英语的龙是 dragon，大家都知道。这词的词根，可以上溯到拉丁语 draconem，再上面是希腊词 δϱάκων：这词最早，是“蛇、大海鱼”的意思。

当然了，希腊人民作为神话大户，怎么能没龙呢？科尔奇斯王国战神森林里的橡木树，有所谓金羊毛。英雄伊阿宋要过去拿金羊毛，发现有条不眠龙盘在树上。《变形记》里说了，这龙头冠高耸，口里舌头分三叉。

——这乍听，不就是条大眼镜蛇嘛！

——一条守护宝藏、跟条大蛇似的大龙。这就是希腊凶龙。此后的欧洲龙守宝藏，大概跟这儿开始的。

希腊也有过奇怪的传说：埃里亚努斯先生博采众长，说，有从印度回来的人，见过真龙——牙齿大得像野猪，又仿佛鲨鱼。有的龙会去猎大象，一高兴就能长到五十来米长，哎呀呀吓死人了！

一般欧洲龙，那都是巨大、喷火、长角、吓人、活像个大蜥蜴，背上长了蝙蝠式翅膀，四只脚，大长尾巴。《权力的游戏》里那种。

欧洲龙又很矛盾。虽然能飞，但平时一般盘在地下，尤其要盘在宝藏金银上，等着勇士过去杀它们。这个设定从伊阿宋拿金羊毛开始，全欧洲通用：龙都很神经，金银财宝，不吃不喝，盘着，专门给主角当麻烦。

威尔士有个古故事，《路德与莱夫里》（*Lludd and Llefelys*），里面有条白龙入侵英国，红龙出战，这俩货打起来，真是作孽：龙一叫唤，女人听了流产，动物听了死，植物枯萎，真是魔音入耳。不列颠国王路德和他弟弟莱夫里一琢磨，在不列颠中间挖个坑，填上蜂蜜酒，等龙过来喝醉了，睡着了，路德就把龙给绑起来了——这个故事里，龙就是个坏东西。中国文化里，龙的声音是好的，词牌名《水龙吟》，侠客拔出宝剑也是一声龙吟，就没这么祸国殃民。当然，英国人从此觉得红龙是保护神：亨利七世专门让红龙当国徽，喷着火保卫英格兰。

欧洲龙也并不都是四条腿。英国有个词 wyvern。跟一般欧洲龙的不同是，这玩意只有两只翅膀与两条腿，看上去似乎更接近一只鸟。这种龙一般不太喷火，但有毒。在纹章里，一般画得仿佛一只大鸟，只是长了龙脑袋和鱼尾巴。丘吉尔家始祖、英国战神马尔波罗公爵就信这个。

斯拉夫神话里，有个玩意叫 zmey，也算种龙，当然，词根也是跟蛇有关。罗马尼亚有种玩意叫 zmeu，波兰则叫 smok，都差不多。这玩意很奇怪：绿色，三个脑袋，俩后爪很大，直立行走；两个小前爪，会喷火。

斯拉夫歌谣里，有位多布雷尼亚·尼基季奇，从恶龙 Zmey Gorynych 爪下，拯救了扎巴娃。这里有个好玩的细节：这龙脑袋被切，并没有死，还能打。最后被杀死后，龙血不散，差点儿把多布雷尼亚给淹死了。

——而这种怪龙的最初灵感，大概是壁虎尾巴砍了又长，让斯拉夫人民有了感觉？

总之说来说去，世界各地文化里，都有这么个玩意：爬行动物类，词根与蛇或水有关，神通广大，凶猛残暴。论其起源，则无非是蛇或大鳄鱼。配合风云多变，幻想这货能飞，自然就显得神通广大了。

古人并没有什么科学实证精神，而且远方说话，以讹传讹。希腊人说印度的龙能吃大象，犹太人认为利维坦在海里喷火。这种话都是听着有趣，查无实据。大体上，以蛇或鳄鱼为词根的龙，主要在水里活动；欧洲的龙则从希腊龙开始，爱守护宝藏。英国那种两足飞龙，更像是拿鸟和龙揉搓的东西。

——哪位说了，既然可以考证出龙是眼镜蛇或者鳄鱼，那么，直接摒除迷信，管一切龙叫鳄鱼多好啊？

这里就有词性问题了。

经过人类数千年的创造，龙这个字眼，已经很神圣美丽了。就像麒麟、凤凰，天晓得真家伙是怎么样呢，但不妨碍我们想象其美丽。真龙天子，生龙活虎，龙腾虎跃，听着都很好；真鳄天子，这就不大好听了。让属相龙的诸位改属鳄，没一个人会愿意。洪七公对郭靖说，“来我传你降鳄十八掌”，郭靖可不得一脸晦气，以后专门和两栖类打交道？

英国人以前也喝热水的

那年冬天，我和几个朋友去瑞士某小城旅游，朋友吃不惯瑞士奶酪锅，行李箱里摸出早就备好的泡面，略一沉吟，去找酒店工作人员要点儿热水。

瑞士人一脸懵懂：热水？您要喝茶还是咖啡？

不不，只是热水。

瑞士人完全不能理解：你们要热水干什么呢？——按照规定，我们不能直接给顾客热水，您是要茶还是咖啡？……

后来掰扯了好一会儿，才在厨房讨到了热水，朋友回去就嘟囔：外国人真怪，自己喝冰水喝得滋儿滋儿的，还不让中国人喝热水；也不知道他们那身体怎么长的……

——大概许多人都这么寻思：一定是欧美人体质特殊，一直喝冰水也能活……

——然而并非如此。

19 世纪，英国有本畅销书，《家政管理手册》，出版头十年里卖了二百万册，在英国市民阶层几乎人手一本。该书作者叫伊莎贝拉·比顿。这位夫人看着老练，其实写此书时年方二十三岁——她丈夫塞缪尔·比顿（Samuel Orchart Beeton）当时靠出版《汤姆叔叔的小屋》发了大财，在出版行业呼风唤雨呢。

且说这本书里，有这么一段："老人与体弱的人应当回避冰，不喝冷的饮料，身上很热的人或刚运动过的人，绝对不要吃冷的东西，很容易得病，还可能送命。"

——您看，英国人以前，那也是小心谨慎喝热水的嘛！

须知，人类喝水这问题，在讨论爱喝凉的还是爱喝热的之前，先得考虑卫生问题。

现代医学出现之前，人们不知道喝水要杀菌，只是根据经验，发现喝热水者相对不容易得病，于是就归纳出了"喝热水对健康好"，所以世界各国市民阶层，都流行喝热水。

倒不是欧美人格外不怕冷——饮水净化问题解决前，他们也是胆战心惊，要喝热水的。

实际上，为了洁净的饮水，欧洲人做过一些匪夷所思的努力。欧洲中世纪题材小说或电影，诸位王爷贵族，动不动举杯狂饮，让人觉得他们酒量真好，喝死不要命；其实那会儿，他们还没从阿拉伯引来蒸馏技术，喝的酒度数低，不上头。所谓葡萄酒，更接近葡萄汁；所谓啤酒，更像麦酒，烈度大概不超过今日江南人喝的酒酿、四川人饮的醪糟，埃及人修金字塔时，就喝啤酒，熬过尼罗河畔的烈日，也没有妨碍他们完成浩大工程。

欧洲人早年也没有细菌之类的概念，但通过日常生活，也发现了：喝酒易醉，但不拉肚子（他们不知道酒精杀菌）；喝水不醉，但容易得痢疾——那还是喝酒吧！

他们就是实心眼，没有像中国人似的喝热茶，无意间就煮水杀菌，解决了卫生问题。

中世纪到近代的欧洲人以喝酒为日常，夸张到什么地步呢？17世纪，荷兰人是为欧洲最富，每人每天喝一升啤酒是为日常；啤酒太多了，于是果断用啤酒来洗地扫大街。哪位说了：太浪费了，用水好不好？荷兰人的概念是：咱们是填海造陆出来的，淡水难得，而且不知道是否干净，宁可用酒！须知早年间科技不发达时，净化水手续实在太复杂了。弗兰西斯·培根先生，“知识就是力量”，搞过无数民科试验，包括过滤水和蒸馏水；一旦发现如何搞蒸馏水，就在朋友圈里大肆自吹，极有面子——考虑到他老人家都17世纪的人了，还能为了搞出蒸馏水在小圈子里得意，欧洲人民的饮水状况实在堪忧。

中国人民，那也不是长久以来都有条件喝热水。

明朝士大夫如张岱，还能细细分辨禊泉水，所谓秋月霜空，噀天为白，所谓轻岚出岫，缭松迷石，还懂得分辨水里的石腥气；与张岱交好的闵老子，喝惠山泉水，等到晚间，新泉涌上，汲了之后，装瓮放船，趁有好风才走，让水保持柔和清澈——这是有钱人。

一般人呢？

旧上海弄堂里的居民，自家烧水很麻烦，往往喝冷井水，或去老虎灶找热水喝；体力劳动者更是没法挑拣。黄包车夫这类，跑完了买卖能去茶馆坐一坐，路上渴了，那就只好找街边水槽，甚至跟牛马一起喝水——《骆驼祥子》里就有描述。

民国时，北京四合院富贵人家，有所谓甜水苦水之分。苦水用以洗衣养花，甜水用来喝。好的甜水可以卖，老天津人以前想卖力气的，就去南运河挑水，回来沿街叫卖，真有富人家肯花钱买水的：省得去跑一趟呢，而且敢直接舀一瓢来喝。而普通老百姓，那就随意喝凉水，碰运气吧。

所以结论是：

无论是外国人喝冰水的习惯与中国人喝热水的习惯，其实都不算久远。

在现代饮水净化系统出现之前，西方与东方，有条件的市民阶层，都尽量喝热水。

普通百姓则没的选，有什么喝什么。

一旦水质净化得到保证，欧美人便敞开喝凉水，而且迅速忘本，不再记得一百多年前，英国人喝个凉水都战战兢兢的样子了。

而中国人则因为新中国成立后，卫生习惯倡导喝热水，所以我们父辈就传承了下来，觉得这是唯一王道了。

至于各色“中国人与外国人体质不同，所以不能喝凉的”，则是以偏概全了：世上总有些个例，喝凉水会有不良反应，于是归咎为整体人种素质；可是现在大夏天满街都有人喝冰饮，也没见谁忽然暴毙街头。只能说，传统习惯里，有许多是人为生造，不问就里，自己编一些概念来解释，然后就成了约定俗成，总觉得中国人跟外国人一比什么都不一样，活得战战兢兢——其实都是人类，区别能大到哪儿去呢？

如果你生活在古代城市

爱伦·坡诗云："荣耀即希腊，宏伟即罗马。"罗马确是宏伟，当年帝国时期，派税吏到各省收租子——顺便说句，罗马派税吏曾经用过承包制，跟拍卖会似的，甲说"今年保证交税十万"，乙说"今年保证交税十五万"，好，就派乙去外省当总督收税——唯独罗马城居民不用交税，极尽声色犬马。为了显帝国威仪，一切公共场所，务必造得雄伟。斗兽场无须细表，罗马诸皇帝的花园遗址，断壁残垣，也让人深感罗马帝国时修建筑，真是把自己当巨人国来规划了。文艺复兴前后，教皇为首，又是三步一个教堂，五步一个广场：论到广场之密布，巴黎尚且要瞠乎其后。

在罗马，你不用坐邮政巴士和小火车，而得依赖罗马庞大的公交系统。意大利人对此甚为自豪，但实际坐来，因为地方大，顾碍多，所以密密匝匝，让初来者头大。地铁是意大利小偷练手艺处，进出一趟简直是炼狱，意大利人开玩笑说，以小偷手法之妙，一个姑娘还茫无所觉呢，人家已经把你从护照到手机到化妆盒都看了遍，比你男朋友还了解你。公交车尚算准时，开得也稳，但路线规划得妖异：比如你从国家大道坐某路车到梵蒂冈，要坐反方向回来时，却发现足要绕出三条街、过一座桥，才找得到同样的一路车。在罗马，想去飞机场，最简便的途径是走火车站：有专门的四十分钟小列车路线。其他途径不是不靠谱，但旅店老板会殷勤叮嘱，得做好心理准备，搭进去一个下午的时间。《罗马假日》里，格里高利·派克为什么骑自行车载奥黛丽·赫本玩罗马呢？理由之一是：他们俩一坐公车，要么失窃，要么就迷路啦。

罗马人有理由：他们建城之时，两千年前，天晓得世上会有汽车；他们大肆建立教堂、垒起雕塑时，压根料不到世上会有地铁。罗马就是一整座历史遗迹，一个活的博物馆，任何一块喷泉的石头都可能价值连城，所以人生活在这里，只能老老实实地多绕绕路——没法子，伟大城市，就是有这样的豁免权。

但是，住在古罗马，可并不那么美好。

古代罗马的巅峰期养着六十万人口，而周边不过十三平方公里。作为对比：北京海淀区现在，四百三十一平方公里，户籍人口不到三百万。换言之：如果您住在海淀区嫌挤，去古罗马城里一住，就不能喘气啦。

而且你住在公元1世纪的罗马，问题还不是不能喘气，还在于生活乱七八糟的。有许多年，罗马城自由发展着，没有城市规划，房子随需随建，密密匝匝，车马猪牛满街跑，虽然有著名的罗马浴场、斗兽场等宏伟建筑，但大半是留给君王贵族，平民生活还是很逼仄。实际上，罗马狭小到，你可以一个小时内靠脚穿过全城，行有余力。所以恺撒遗嘱里留给居民一些河旁走道和公共花园，获得了人民的大拥护：活动场所太少啦。公元2世纪时甚至有个指令：马车只准晚上行驶，不然白天的罗马街上真是不能走人了！

东罗马帝国定都君士坦丁堡，就靠谱得多。虽然一度靠十四平方公里的面积养活了五十万人口，但因为有可靠的市政规划，所以人民能够喘气。君士坦丁堡的秘诀，一是街道走直线，不那么弯曲如蛇，二是街道拓宽，让车马和人可以好好走，三就是街角的直角设计，以及成块分布的居民聚居区（有些像今日的小区）。据当时的日记记载，君士坦丁堡城市建设最好时，你可以从城墙走到索菲亚大教堂，走五公里的直线，一小时都不会遇到古罗马那么让人绝望的迷宫小巷。这种美丽，甚至让蛮族心动：汪达尔人和西哥特人屡次去攻击过罗马，烧杀抢掠完了，拍拍屁股就走；土耳其人 1453 年占据了君士坦丁堡后，却依依不舍，改名为伊斯坦布尔，从此长居于此。

罗马人憎恨埃及，尤其是艳后克里奥帕特拉，但没法否认的是，克里奥帕特拉和她的都城亚历山大，当年建设的确太美好。当日亚历山大大帝在此建城时极有想法：城市狭长，呈长方形，有相当部分沿海路面和纵贯城市大道，长到六公里开外、六十米宽，其秘诀还是直角规划、宅地分置。

中世纪时，欧洲大文明纷纷被蛮族切割，于是到文艺复兴前后，欧洲万人以上就算大城市了。意大利人爱美，所以广场教堂、宅邸豪居，修个没完没了，但民居还是狭窄逼仄。今天你去佛罗伦萨旧城，广场教堂美术馆固然看到你头晕目眩，但走进旧城巷子，就觉得暗无天日——真是窄如峡谷，巷子里只容一辆出租车缓缓地开。因为那时欧洲人不习惯通衢大道，也没什么卫生概念。到 14 世纪，意大利人还有些印染业和饮用使用同一水源的，加上二三十万人拥挤在一个半小时能走穿的城市，猪羊满街大小便，不生病才怪呢。那时帕尔马和米兰都有建筑师异想天开，说最完美的城市得是正十六角形的，道路辐射到城市的每个角落，号召大家远远辐射开去，但人民嗤之以鼻：说得好听，谁不怕挤呢？可是谁不想离城市近一点儿？

所以又得说到巴黎19世纪70年代的不朽改建了。奥斯曼男爵给巴黎造出大堆新古典主义建筑+林荫大道前，法国的历任领袖其实都不爱住巴黎了，但凡有机会能逃到凡尔赛和枫丹白露去的，就绝不犹疑：因为他们都嫌巴黎老旧黑脏，窄路不便通行，马车堵起来没完。这个举措在进入20世纪后意义更显，巴黎的宽广道路，容得下汽车。实际上，真是靠着汽车和现代交通工具，现代城市规划才能真的展开，而非活在图纸上——如果人民依然骑着自行车驾着马车外加步行来解决日常交通，北京这样人口上千万、面积数千平方公里的所在，日子可怎么过呢？

所以虽然今日我们会念叨汽车尾气如何呛人、住房环境如何逼仄、田园牧歌时代如何魅力，但想一想，曾经的世界之都罗马，六十万人挤在一个没有自来水、没有大道、出门没超市、洗澡靠澡堂的十三平方公里所在，白天还车辆限行。这样的生活环境里，角斗场再宏丽，怕您也高兴不到哪里去。现代城市规划，至少在以人为本这个环节上，是比古罗马强的——当然，东罗马人会在君士坦丁堡嘲笑说：古罗马城根本就没有规划过。

打开洗手间的门，故事刚开始

屋大维要和安东尼抢罗马当家，顺势成为欧洲霸主，于是招呼罗马诸位御用文人，先做舆论攻势。文人们用些陈词滥调，无非说安东尼骄奢淫逸，和埃及艳后克里奥帕特拉声色犬马，真是好过分啊云云。中间有位讽刺诗人独辟蹊径，找了这么个理由，跟罗马人民说：安东尼这厮坏透啦，马桶都只用纯金的，“他在排泄上所花的钱，比我一年吃饱肚子的都多！”

话说得有些恶心，但角度却很新颖。衣食住行自是人身大事，但吃喝拉撒却是最家常不过。罗马人爱吃爱喝，也得上洗手间。罗马帝国时期，公共设施出名的多，对这类细节，自然不能小看。罗马时的富裕居民，已经有钱带便携式马桶了。走在街上，觉得不好，就地解决；当然解决完了，不能自己拎着，得归仆人管。至于仆人如何被熏得满脸发皱、几欲作呕，主人就不管啦。穷人买不起这等器皿，就奔公共厕所。

罗马公共浴池最有名，大家在那里冷水热水，蒸汽按摩，完了还要谈天说地，当然少不了厕所。可恨有些人没教养，看见浴池都以为是厕所，随意大小便。所以那会儿有个铭文：“任何在浴池随地排泄者，都会受到十二位神祇的惩罚，会受到狄安娜和体力无比的朱庇特的报应！”——为了禁个滥上洗手间，神灵都出来了。

中世纪欧洲多堡垒，设计粗笨，但也得过日子。法国南部接近西班牙的一些所在，堡垒布局常是城楼子之间筑墙，厕所安在城楼子里。你走进去，看见一条宽缝，人往那里一蹲，就地解决问题。可怕在那宽缝下面，直通地表，高者有数十米。你蹲着上厕所呢，脚一滑就下去了，颈部不骨折才怪。英国著名的伦敦塔，最初也有类似设计，而且很是精美：厕坑连通隧道，可以直滑城外壕沟。英国人说俏皮话：伦敦塔的壕沟经过这么一处理，防御外敌能力一定特别强！——可不是，对手还能顶着茅坑味儿来爬塔么？

1270 年，巴黎有条法令，可见当时的风貌：“任何人不可在阳台上泼洒马桶，违者罚款。”你可以想象这法令颁布前，巴黎那窄街暗巷，是如何的雨雪缤纷。法令有效吗？似乎不然。一世纪后，巴黎政府再颁一条法令，口气软得多了：“任何人在倾洒马桶前，须大喊三声‘注意水！’”——你看，禁不住了，只好改事先提醒，省得挨淋了。

法国国王们派头比较大，弗朗索瓦一世陛下设了个职位，直译该是“门窗事务”，侍者有资格在宫廷里配剑，薪资不菲，还能每天跟国王见面。但往实在了说就不好听了：就是给国王摆弄马桶的。国王有专门马桶使了，王后怎能怠慢？凯瑟琳·美第奇王后在佛罗伦萨时过惯了好日子，不能容忍亲自解决马桶问题，勒令国王也给她设个使女。她老人家仗着裙子长，又有侍女照管，经常在马桶上面盖个紫罗兰色绒垫，就坐着跟诸位夫人议事。等她老公死了，为了当好一个寡妇，就把马桶垫改成了黑的。路易十四既然觉得自己是太阳王，人人敬仰，连自己的屁股都是神圣的，所以格外提过要求：他老人家要上厕所时，贵族们不必回避，而该坐围一圈，大家眼睁睁看国王陛下方便。

日本江户幕府时，将军所居的大奥里，则有这么个怪习俗。将军的夫人，也就是所谓御台所大人，是有侍女的。最贴身的侍女，平时干活只能用左手，留着右手，以便服务至高无上、清洁无垢的御台所大人。怎么服务呢？答：御台所大人内急，要上洗手间时，侍女就使右手解决一切——从开始给御台所大人掀起衣服，到结束时给御台所大人扎好衣带，都是侍女解决。御台所大人手脚不动，任人处置——当然也不能全怪御台所：衣服太厚重啦，动弹不得。御台所大人的厕所，当然也是独一无二的。每位御台所侍奉将军时，都得为她专门挖个极深的坑，够她老人家一辈子用的；等用得差不多了，用土填埋了事，再换一个坑使用。

中国文明博大精深，厕所文化自然不遑多让，而且豪奢处很让人惊诧。晋时石崇要显富贵，厕所里都布置得富丽堂皇。刘寔来拜，绕晕了，不小心见了厕所，大惊，“误进您卧室啦抱歉”。石崇一摆手：“这是厕所啦！”王敦初娶公主，不晓得宫廷里的套路，上着厕所呢，看见婢女端漆箱装来枣子，端金盆装来水，以为让他吃喝呢，张嘴就来，结果枣子是拿来塞鼻的，水是拿来洗手的，徒惹了笑话；又世传慈禧用着一个檀香木做的便桶，外头雕成个大壁虎，提手都是个蝻虎状。大壁虎肚里都是香木细末，要求干松蓬蓬着，以求消声除味。每次老佛爷要行事，自然又是前呼后拥，下铺油布，旁递手纸，焚香静默，就差集体磕头，恭祝老佛爷顺利成功、万寿无疆了。当然话说回来，檀香木做便桶，既贵重又不显形，还算得益。

后蜀君主孟昶有个玩意儿，叫作七宝溺器。后蜀亡国，宋太祖赵匡胤见了这东西，借题发挥：溺器都搞得如此奢华，天晓得他拿什么东西装吃的！于是当众摔碎，也算立了好榜样。妙在孟昶的宝贝马桶被砸了，美丽的花蕊夫人却被赵匡胤受用了。这说明宋太祖很实际：溺器再好看，终究上厕所用的，摔了还能做做贤君姿态；佳人却是难再得，那可是万万摔不得的。

东方与西方的大航海时代

欧美文化里，对船长这个头衔执念极深。林肯被刺后，大诗人惠特曼有长诗《船长，我的船长》来歌颂，可见船长的领袖地位。

话说，船长与机长或列车长，又不一样。机长多是温文尔雅西装笔挺高智商，列车长也算工业时代之后的文明人；船长这词，则带着开拓者的气息，是山寨头子，是老流氓，是智勇双全黑白两道的好汉。

因为欧洲人开拓大航海时代时，看似浪漫，实则危险。首先，肯上船的水手们，都不是温暾老实的善茬。直到 19 世纪，好歹算文明时代了，上船当水手都得遵循些丛林法则。上捕鲸船，不问你有什么学历，只问你体力如何，会不会使鱼叉，要多少分红；一个水手跟船两年，分红能到二百五十分之一，就算是高收入了。按个契约，生死由命，那就起锚了。

船一旦起锚，就成了个半封闭的监狱。在大海上飘着，暴风雨、淡水短缺、船只老化、坏血病，都可能让一船人完蛋。中世纪的规矩：船长在船上有全权，水手不听话，当场处决，尸体仍进大海，死无对证，没人管；反过来，船员们真不满意了，也尝试闹哗变，严重起来，能把船长绞死，尸体挂上帆索，或者去喂鱼；分量轻些的，就用一个大口袋，裹住船长，然后全船水手上去拳打脚踢，出一口鸟气。当水手的，都不是彬彬君子；大家都是脑袋拴裤腰带上跟你拼命的，自然也有质疑你冲你撒气的权利。

虽然现在都说欧洲强盛于航海，但中世纪到文艺复兴时，航海着实危险。13 世纪前，正常的欧洲船长，都是小心翼翼，沿海航行，不敢让海岸线脱出视野之外：虽然海岸线曲曲弯弯，浅海处还有搁浅的危险，也只得认了，宁可多走些冤枉路。因为那年代，倘若你驾船深入大海，一有海盗，二怕风浪，三怕迷失方向，最后这一点，尤其可怖。

哪位问了：看方向有何难？昼看太阳，夜看北极星，不就好了？可是海上时常多云，一旦黑云遮天，那便什么都看不见了。而且，太阳只方便人类看清东西向，具体方位很难猜。像北欧因为海水浅，所以公元 11 世纪前后，很流行靠测水深来确定船的方位。比如船长亲自监督，将一个铅锤牵了绳子，沉进水里，看着绳子长度默默算着，一旦绳子到了一定程度，好，那水深就够了，船长一拍手："好，我们已经出了波罗的海了！"

所以李约瑟先生的话是对的：指南针的确不愧为中国四大发明之一，确实改变了世界。妙在指南针刚流行到地中海区域时，是船长们的私藏之宝。欧洲人无法解释指南针为何能指南，总觉得这是中国人和阿拉伯人勾兑的巫术，基督徒水手对此尤其敬畏，生怕指南针把他们引到魔鬼那里去。船长们便把指南针藏在船长室，鬼鬼祟祟测得了方向，再出去正经八百的指挥转舵，满脸"听兄弟我的没错！"水手们不知底细，以为船长能夜观天象，纷纷五体投地。

就是在这样的蛮荒背景下，欧洲人开始大航海时代。欧洲最西是葡萄牙的罗卡角，有著名的石碑，刻着 Onde a terra acaba e o mar começa（陆终于此，海始于此）。欧洲最西南是圣维森特角：那里有葡萄牙恩里克王子建造的史上第一个航海学校，1460 年他故世于此。至今其雕塑依然指着东方。葡萄牙人相信，东方有黄金和香料，可恨被奥斯曼人堵住去路；如何绕过非洲去到那里，是大航海时代的终极梦想。

达·伽马 1497 年过了罗卡角，过了圣维森特角，一路往南，当时的文献记载道："吾一行人于 1497 年 7 月 8 日周六由雷斯蒂耶罗港起航，愿上帝保佑吾人此行当有善果。阿门。"

这次充满梦想、英雄主义和愚昧无知的远航，进行到六个月，终于达·伽马绕过了非洲南端的好望角；第十个月，他们到达印度。1498 年 5 月 21 日，他们对遇到的印度人说："我们是来寻找基督徒和香料的！"

四年之后，葡萄牙人成为欧洲的新香料暴发户，之前几乎垄断香料贸易的威尼斯人大感恐惧，觉得他们可能得变成鱼贩子——当然，后来威尼斯人还是在玻璃制品和镜子上找到了销路，那是后话了……葡萄牙人在印度东南，发现了肉桂的源头斯里兰卡。他们大喜过望，跟斯里兰卡人订了协议，垄断了肉桂贸易。后来，荷兰人和英国人先后夺走了斯里兰卡，英国人开始在大吉岭布满红茶——那是后话了。

就在此前十年，统一了西班牙的斐迪南和伊萨伯拉赞助哥伦布西向，发现了新大陆；一百年后西班牙依仗这里的财富成为欧洲最大帝国，两百年后英国在此建立起各色殖民地开启了日不落帝国；三百年后这片大陆崛起了美国，成为人类史上迄今最强大国家——一切都来自于恩里克王子与哥伦布一东一西的航向。

然而，本来，有另一种可能的。

欧洲人航行出地中海，再往前推五百年，宋太祖开宝四年，已在广州设市舶司，之后在杭州与明州也设了，合称三司，那就是宋朝的海关了：欧洲人还在琢磨如何千辛万苦去印度坑点儿香料时，宋朝已经抽取 1/10 的货物作为抽分，收购一部分作为博买——也就是官方收购货物。南宋最是鼓励富豪打造海船，购置货物，海外经商。能招徕外商的升官，影响海外贸易的降职。

在 1096 年欧洲十字军东征之前，欧洲南北的造船业是分裂的：北派船只讲究尖底高头，以便破浪而行，顺便当当海盗；南派船只讲究平底以多载货物，但是无法抵御风浪……而就在宋朝，中国沿海都市，都有造船厂。已经开始用船坞，船从滑道下水。宋船多尖底，能破浪，身扁宽，体高大，吃水深，有密封隔水舱。多樯多帆，能用多面风。多用双锚，还能探水。宋神宗时，由定海到高丽的船，可装五六百人。北宋哲宗朝——也就是《水浒传》发生的时代——每年温州与明州定额建船六百艘。绍兴十年，岳飞死前两年，张浚还说福州有千艘大船，可以航到山东，攻击金兵。岳飞还使用过车船：一船有三十二个轮，人踩动便可行进。

宋朝海运如此发达，也不是没理由：就像后来欧洲人因为土耳其控制了地中海东岸，于是向西驶出直布罗陀海峡似的，宋朝也因为西夏控制了河西走廊，宋与西方各国的交易只能走海路。于是海事发达。实际上，就在欧洲人在地中海转圈的时候，宋朝已经有这些航线了：

——广州到苏门答腊的三佛齐，航行三十八天。

——广州或泉州到爪哇，输出丝织品、茶、瓷器、铁器、农具，换回爪哇的檀香、茴香、犀角、象牙、珍珠、水晶、胡椒。

——广州或泉州到孟加拉湾约四十日，再航行一个月可到印度西南，与那里做象牙、矿石、香辣料的交易。

——广州到巴格达，输出丝织品、瓷器、纸张、麝香，运回香料、药材、犀角、珠玉。

——广州出发，四十日到孟加拉湾，再到也门。博买苏木、白锡、常白藤。回程时顺风，则六十日到中国。

——广州出发，经四十日到孟加拉湾，横跨印度洋至东非。

是的，早在宋朝时期，也许中国航海家就能和欧洲接触了。相比起来，像明州出发横渡东海七天到达日本博多港，或是从山东莱州出发两天到达朝鲜之类的东亚航线，那都是小事了。

远在 12 世纪的宋朝，中国的航海线路遍及东亚到东非。五百年后的英国也不过如此。

所以，如果中国是像希腊或腓尼基似的，是天生的航海民族，如果中国曾经集中全力发展航海业，我们是不是能够在公元 13 世纪到来时，在欧洲依然是封建列国，最大的城市不超过二十五万人之际，宋朝的海军驾着高耸的大船，踏上欧洲海岸，用火炮，用床弩，掌握制海权，征服欧洲，然后逼迫欧洲人买我们的茶叶、丝绸和瓷器，如果不买，我们就攻占罗马、拿下亚琛呢？——就像距今六百年前，欧洲人所做的那样？

不知道。